BUY & F*DA-$£

LUCAS PIT MONEY

PREFÁCIO DE
THIAGO NIGRO

BUY & F*DA-$£

Como
investir bem
sem entrar
em parafuso

Copyright © 2022 por Lucas Pit Money

Todos os direitos desta publicação são reservados à Casa dos Livros Editora LTDA. Nenhuma parte desta obra pode ser apropriada e estocada em sistema de banco de dados ou processo similar, em qualquer forma ou meio, seja eletrônico, de fotocópia, gravação etc., sem a permissão dos detentores do copyright.

Diretora editorial: *Raquel Cozer*
Coordenadora editorial: *Malu Poleti*
Editora: *Diana Szylit*
Assistência editorial: *Mariana Gomes*
Apoio ao texto: *Julio Simões*
Copidesque: *Daiane Cardoso*
Revisão: *Gabriela Ghetti e Bonie Santos*
Capa: *Anderson Junqueira*
Fotos do autor: *Paulo Villas Boas*
Projeto gráfico e diagramação: *Eduardo Okuno*

Dados Internacionais de Catalogação na Publicação (CIP)
Angélica Ilacqua CRB-8/7057

M751b

Pit Money, Lucas

Buy & F*da-$e : como investir bem sem entrar em parafuso / Lucas Pit Money ; prefácio de Thiago Nigro. — Rio de Janeiro : HarperCollins, 2022.
176 p.

ISBN 978-65-5511-259-7

1. Finanças pessoais 2. Investimentos I. Título II. Nigro, Thiago

21-5529

CDD 332.024
CDU 330.567.2

Os pontos de vista desta obra são de responsabilidade de seu autor, não refletindo necessariamente a posição da HarperCollins Brasil, da HarperCollins Publishers ou de sua equipe editorial.

Rua da Quitanda, 86, sala 218 — Centro

Rio de Janeiro, RJ — CEP 20091-005

Tel.: (21) 3175-1030

www.harpercollins.com.br

Ao meu pai, que me ensinou
a ser íntegro.

À minha mãe, que me ensinou
a ser empático.

À minha mulher, que me ensinou
a ser grato na desgraça.

Ao meu vira-lata, que me ensinou
a ser algo quando não se tem nada.

Aos meus amigos, que me ensinaram
que fraternidade ganha de parentesco.

Aos meus seguidores, que me ensinaram
que o bem-intencionado nunca perde.

E ao meu filho, a quem ensinarei
tudo o que acho que sei.

SUMÁRIO

Prefácio...7

Introdução..11

1 - Definições.......................................23

2 - Juros compostos.............................39

3 - Mindset..53

4 - Diversificação................................71

5 - Balanceamento...............................81

6 - Indicadores....................................95

7 - Dividendos....................................121

8 - Primeiros aportes.........................133

Abecedário do Pit Money....................153

PREFÁCIO

Por Thiago Nigro

Este livro que você tem em mãos foi escrito por um grande amigo que, além de ótimo profissional, é uma das pessoas mais incríveis e de bom coração que eu já conheci na vida. O Lucas, que talvez você conheça como Pit Money, costuma atrair muita gente na internet com um jeito irreverente e escrachado de ensinar finanças, e quem o conhece de perto sabe que por trás desse jeitão está uma pessoa humilde e disposta a ouvir opiniões, duas características fundamentais para quem busca sucesso no mercado financeiro.

Afinal, existem dois tipos de pessoas que sempre vão perder dinheiro nesse meio: as que não sabem nada e as que acham que sabem tudo. E o Pit não está em nenhum desses extremos, pelo contrário. Mesmo tendo formação sólida e décadas de experiência no mercado financeiro, ele continua buscando aprimorar os seus conhecimentos e compartilhar o que aprende e vivencia com quem ainda está dando os primeiros passos.

Foi nessa jornada de aprender e ensinar constantemente, aliás, que nasceu este livro, um material completo que vai inspirar muita gente a começar a construir a própria liberdade financeira do jeito certo: a partir da filosofia de longo prazo. Por mais contraditório que isso possa parecer, focar no longo prazo é o caminho mais curto para ficar rico. Quem começa a investir pensando no curto prazo tende a quebrar mais rápido e, por tabela, terá maior dificuldade para superar essa situação depois.

No fim das contas, todos os maiores investidores da história têm em comum a filosofia de longo prazo. E o Pit consegue transmitir toda a essência dos caras mais ricos do mundo, aqueles que já se provaram no tempo, para a nossa realidade por meio de um conteúdo acessível, agradável de ler, fácil de entender e extremamente rico em informações, algo que se reflete na originalidade do título, *Buy & F*da-$€: como investir bem sem entrar em parafuso*, e na capa sem precedentes entre os livros de finanças já publicados no Brasil.

Na minha opinião, a genialidade do livro do Pit está na adaptação do conceito *Buy and Hold* para uma linguagem mais direta e compreensível, que se dedica a calibrar o foco do leitor para onde os grandes investidores estão mirando (o longo prazo) e a conscientizá-lo de que os investimentos só produzirão bons frutos se forem feitos a partir da mentalidade de sócio, pois investir nada mais é do que você se tornar também um pouco dono do negócio.

Neste livro, você vai entender a importância dos juros compostos na construção da sua riqueza, vai aprender a diversificar e a balancear sua carteira para manter o risco sob controle e vai conhecer os indicadores favoritos do Pit para avaliar os fundamentos de uma empresa antes de investir, isto é: para onde o Pit olha, o que ele avalia para decidir se determinado investimento é ou não promissor. Isso sem falar no passo a passo do primeiro investimento e no glossário de termos financeiros que ele incluiu no fim do livro. Um conteúdo precioso para quem, como os bons investidores, está sempre aberto ao conhecimento.

Portanto, espero que você desfrute ao máximo da sabedoria do grande Pit Money e do jeito único com que ele transmite sua experiência. Tenho certeza de que, ao finalizar este livro, você estará totalmente pronto para começar ou aprimorar a sua trajetória no mundo dos investimentos, com a mesma inteligência, o mesmo conhecimento e a mesma mentalidade dos maiores investidores do mundo. Boa leitura!

INTRODUÇÃO

As primeiras horas daquela quinta-feira, dia 18 de maio de 2017, foram bem punks no mercado financeiro. Meu dia mal começara e eu já me sentia em queda livre dentro de um buraco sem fundo que parecia levar direto para o colo do capeta. A notícia veiculada pelo jornal *O Globo* de que o empresário Joesley Batista, um dos donos da gigante JBS, gravara o então presidente Michel Temer dando aval para comprarem o silêncio do ex-deputado Eduardo Cunha, preso na Operação Lava Jato, chocara o país na noite anterior, e o pregão daquele dia começou extremamente quente.

Naquela época, Temer — presidente havia menos de um ano, após o impeachment de Dilma Rousseff — prometia colocar em pauta uma agenda de reformas estruturais bastante aguardadas pelo mercado financeiro. Por isso, quando veio à tona a informação de que o dono da JBS grampeara o presidente da República, muita gente imaginou que ele pudesse renunciar ou ser afastado, o que atrapalharia a aprovação das mudanças e geraria uma nova fratura política no país. Essa incerteza sobre o futuro provocou a disparada do dólar e a maior queda da bolsa de valores brasileira desde a crise financeira global de 2008.

O estrago foi tamanho que, menos de uma hora depois da abertura, a bolsa de valores já registrava queda superior a 10% e as negociações estavam suspensas até que os ânimos se acalmassem — o famoso *circuit breaker*, que também não acontecia por aqui desde a mesma crise. O pregão voltou meia hora depois, mas o estrago já estava feito. Eu atuava na bolsa de mercadorias e futuros como *swing trader*, que diferentemente do *day trader*, aquele que compra e vende no mesmo dia mirando o lucro imediato, é a pessoa que negocia ativos vendendo-os em alguns dias ou semanas para obter o lucro no curto prazo. Na época, eu negociava contratos ligados a boi, milho, dólar, índice e juros.

O fato é que naquele dia infernal eu sofri minha pior derrota em anos como especulador de renda variável: PERDI R$ 150 MIL EM APENAS DOIS MINUTOS! Sério, eu achei que fosse morrer. Eu quase tive um troço, um piripaque, só faltava cair duro ali mesmo. Tudo aquilo que eu havia acumulado em um ano de trabalho vi escorrer pelo ralo em 120 *fucking* segundos! E é preciso admitir que, não, o culpado não foi apenas o Joesley. Hoje eu tenho certeza de que dei um passo maior que a perna, fui ganancioso e me ferrei bonito. Perdi uma grana pesada por um acontecimento totalmente externo e imprevisível. Precisei vender meu carro (um Audi A5 que eu adorava), tomar um empréstimo no banco e pedir dinheiro emprestado para o meu pai a fim de pagar o preju do Joesley Day, como ficou conhecida aquela data. Mas o bom da cagada é que ela ensina, né? É fazendo merda que se aduba a vida, diz o ditado.

Nos dias que seguiram esse episódio, zerei algumas posições em dólar (em outras palavras, abri mão de contratos de compra e venda de produtos que só seriam liquidados no futuro) para conseguir pagar aquela pica que tinha entrado. Além disso, prometi para mim mesmo parar com os *trades* assim que recuperasse o prejuízo daquele dia. Cumprir a minha meta levou quase dez meses, aproximadamente duzentos pregões. Para que você tenha uma ideia do tamanho do buraco em que eu caí naquele dia desgracento, levei mais de 100 mil minutos de trabalho para recuperar o valor que perdi em apenas dois. O que eu não recuperei até hoje foi o impacto na cachola, que me fez mudar o rumo da vida e passar a enxergar os investimentos em renda variável com mais responsabilidade e visar o longo prazo.

Depois que o Joesley (que provavelmente ninguém sabia quem era até então) arrebentou todo o meu controle de risco e quase me quebrou, decidi que era hora de deixar de ser o *trader* loucão rock' n' roll e parar de arregaçar a minha vida. Naquela época, eu tomava litros de café e de energético para me manter acordado e aguentar o trabalho, que basicamente consistia em ficar sentado durante nove horas ou mais analisando gráficos e tomando decisões em frente ao computador, quase sempre na companhia apenas do meu cachorro. Depois disso, eu ainda virava meia garrafa de uísque para conseguir dormir e retomar tudo no dia seguinte. Foi um período bem difícil, que eu decidi deixar para trás naquele dia do Joeslão.

Aos poucos, passei a pensar menos em ganhar no curto prazo e mais em construir o futuro que eu gostaria, com qualidade de vida e dinheiro no bolso até a hora de empacotar. Afinal, nenhum dos *véios* bilionários que eu conheço alcançou essa condição comprando em um dia e vendendo no outro. Todos eles, a começar pelo mestre Warren Buffett, são investidores de longo prazo e encaram o mercado financeiro como uma maratona, não uma corrida de cem metros. Pessoas assim tendem a viver melhor, ganhando mais e, principalmente, usufruindo das vantagens do capitalismo enquanto estão vivas. E eu quero poder andar por aí de carrão conversível, ter relógio chique e tomar os melhores caramelitos da Escócia quando me aposentar, né? E você, como imagina sua vida quando parar de trabalhar?

Maldita lata velha!

Quem vê este meu jeito meio roqueiro descabelado, as minhas caretas para falar, as imitações de gosto duvidoso e o modo "carinhoso" como trato os meus seguidores na internet pode fazer um julgamento errado sobre quem eu sou. Hoje, me dedico principalmente à Inside Research, casa de análise que fundei com meus irmãos de faculdade, e a ensinar sobre renda variável e mercado financeiro em diversas plataformas digitais — meu canal de vídeos no YouTube, que tem mais de 360 mil inscritos; minhas duas contas de Instagram (@lucaspitmoney e @lucaspit), que somam mais de 250 mil seguidores; além de podcast, newsletter, lives, cursos, grupos fechados, mentorias e participações pontuais em outros projetos.

Mas nem sempre foi assim. Muito antes de ser um influenciador digital financeiro, me formei em Ciências Econômicas pela PUC-SP e vivi por cinco anos a loucura da bolsa de valores como *trader*, comprando e vendendo contratos futuros. Viver a teoria na prática me moldou, me deu "estômago", e agora consigo compartilhar meus erros e acertos com mais gente por meio das plataformas da marca Pit Money, mostrando que o investimento em renda variável não é um bicho de sete cabeças e serve para todos que querem ter tranquilidade e estabilidade no futuro, especialmente após pararem de trabalhar. Até porque o mundo está mudando e as pessoas estão vivendo mais do que antigamente, o que torna fundamental construir hoje o estilo de vida de amanhã.

Sempre desejei uma vida confortável, o que significa não precisar contar moedas ou fazer "cálculo de padaria" para comprar o que eu quiser. Meus pais não eram ricos, mas também estavam longe de ser pobres. Éramos uma família de classe média sem luxo, mas também sem grandes privações. Meu pai, um engenheiro químico que trabalhou mais de trinta anos na mesma empresa, tinha algumas reservas e sempre prezou pela segurança em detrimento da rentabilidade, passando longe da volatilidade da bolsa de valores.

Ele preferia algumas opções mais estáveis e não tinha conhecimento nem perfil para fazer o dinheiro trabalhar por ele no mercado financeiro. Preferia aumentar os ganhos cortando gastos. Por muito tempo, eu o vi ficar algumas horas depois do trabalho debruçado sobre o Quicken, um software de finanças pessoais das antigas, fazendo cálculos para conseguir economizar no fim do mês. Mesmo pequeno, eu já sentia que não seria feliz se, no futuro, eu tivesse que repetir aquele ritual todo dia.

A única coisa que meu *véio* não media esforços para bancar era a minha formação. Tanto que pude estudar em uma das melhores escolas de Santo André, cidade no ABC paulista onde nasci e cresci. Eu não era esse porra-louca de hoje, era uma criança tranquila, muito interessada em aprender coisas novas, e meus pais sempre me incentivavam a buscar conhecimento. Eu tirava boas notas, era focado e também muito observador, a ponto de reparar que os meus amigos eram bem mais ricos do que eu. Eles tinham sempre os video games mais modernos, e eu, sempre com uma versão mais antiga. Eles sempre chegavam na escola em carrões importados, e eu, em um Voyage velho com as lanternas cheias d'água. A vergonha era tanta que muitas vezes eu abaixei o banco em 180 graus para que meus colegas não me vissem dentro dele.

Ok, eu sei que poderia ser bem pior que isso, que na verdade não tinha do que reclamar, mas naquela época eu não tinha essa consciência e comecei a me sentir o cara mais pobre do mundo, um cara que um dia chegaria em casa e não teria o que comer. Para piorar, os colegas pegavam no meu pé por conta da "lata velha" do meu pai, faziam comentários sobre eu ser "pobre" e não ter o que eles tinham. O *bullying*, que a gente nem chamava assim na época, acontecia forte e me marcou bastante. Eu tinha certeza de que era pobre e estava determinado a mudar essa realidade, mas não sabia o que fazer.

Hoje, vejo que essa distorção da realidade teria sido menor se eu tivesse recebido educação financeira na escola, se esse fosse um assunto comum no meu dia a dia. Durante a infância, me lembro de ter acompanhado mais tretas do que conversas construtivas sobre dinheiro no meu ambiente familiar, o que me fez acreditar que eu era pobre, mesmo não sendo. Eu era só uma criança, não sabia o que estava acontecendo e não tinha qualquer conhecimento sobre finanças para entender a situação. Quando me diziam que eu não podia ter o que queria por falta de dinheiro, eu acreditava e me sentia o pior ser humano do mundo. Tenho total convicção de que, se as crianças aprendessem a lidar com dinheiro desde cedo nas escolas e pudessem conversar de forma transparente sobre o assunto com seus familiares, se tornariam adultos mais conscientes e responsáveis, o que traria um ganho incalculável para a sociedade.

O futuro no mercado

Eu tinha por volta de 10 anos de idade quando a escola me levou para um passeio que me marcou profundamente e, de certa forma, mudou a minha história. Fomos ao prédio da Bovespa, a bolsa de valores de São Paulo, hoje chamada de B3. Cara, quando pisei lá, tive certeza de que era ali que eu ia amarrar o meu burro. A operação ainda tinha aquele jeitão raiz. As ordens de compra e venda de ações eram emitidas por telefone em salões abarrotados de operadores, e tudo acontecia no chamado "pregão viva-voz", já que se operava com palavras, e não com cliques.[1] Os engravatados quase enfartando com o telefone na orelha, gritando e gesticulando uns com os outros, era uma coisa de louco. Deus me livre, mas quem me dera!

Depois da visita, eu fiquei tão encantado com a adrenalina de lá que passei a acreditar, com aquela minha cabeça de criança, que só havia duas formas de ganhar dinheiro e evitar o cruel destino de ser pobre: ser economista e trabalhar na bolsa de valores ou ser empresário como os pais dos meus amigos ricos. Fiquei com essa ideia por muitos anos e acabei decidindo cursar Economia. Nem mesmo a música, outra paixão que cultivei com mais força a partir da adolescência, me fez mudar de ideia.

---

1   Veja mais em: <https://www.youtube.com/watch?v=8CwLYCd8io4>.

Na época do vestibular, aliás, eu já tocava bateria, participava de várias bandas e sonhava em ser um *rock star*, mas viver de música no Brasil me parecia ser uma escolha arriscada demais. Por isso, decidi começar a faculdade de Economia ao mesmo tempo que tirava uns trocados como baterista profissional em duplas sertanejas e bandas de metal. Foi uma fase confusa, confesso. Eu ganhava muito pouco como baterista, mas mantive essa "vida dupla" por um bom tempo e, apesar de todos os desafios da profissão, quase desisti da formação acadêmica para abraçar de vez a música.

Só não cometi a burrada de abandonar o curso às vésperas da formatura porque alguns bons amigos da faculdade me convenceram a terminá-lo. Talvez porque eu tivesse boas notas, apesar de passar mais tempo no boteco do que em sala de aula, eles vissem potencial em mim. Sempre diziam que eu era bom em finanças, em Excel, e que não deveria jogar a toalha. Eles já empreendiam e ganhavam dinheiro, e tentavam me convencer de que eu também poderia fazer isso. Quando nos formamos, eu ainda tocava bateria profissionalmente, mas a carreira musical já não era tão rentável, e decidi que era hora de dar um passo adiante, embarcando na louca aventura de ser *trader* profissional com os amigos que, hoje, são meus sócios na Inside.

Essa mudança não aconteceu do dia para a noite: estudamos muito por aproximadamente um ano e meio antes de começarmos a atuar de fato no mercado de contratos futuros, um tipo de aposta muito arriscado, em que você pode perder mais dinheiro do que realmente tem. Para complicar, nós também não tínhamos clientes exclusivos, só operávamos nosso dinheiro e aquele que a corretora disponibilizava como carta de fiança. Em outras palavras, qualquer vacilo poderia comprometer muito mais do que tínhamos.

Felizmente, aos poucos o grupo foi aprendendo a sobreviver naquele ambiente tão instável e conseguiu emplacar algumas estratégias, o que confirmou que eu tinha feito a escolha certa: o dinheiro estava mesmo no mercado financeiro, não na música. A partir dali, larguei a bateria e passei a operar valores cada vez maiores de forma alavancada, com o dinheiro que já tinha ganhado com meus sócios. Esse trabalho gerava um bom retorno financeiro, mas me cobrava um preço alto demais no lado pessoal. Eu passava horas e horas na frente do computador, vivendo na pele o risco e a volatilidade do mercado financeiro, e depois de quase cinco anos já estava ficando biruta. Até o dia em que um tal Joesley cruzou o meu caminho e as coisas começaram a mudar...

Bora ganhar uns din?

Depois daquele dia tenebroso em que a bolsa caiu violentamente por conta de um grampo telefônico, eu estava decidido a mudar o rumo das coisas para ter mais qualidade de vida. Mesmo tendo perdido dinheiro, àquela altura, eu já tinha experiência e patrimônio suficientes para dar essa guinada, mas voltar para a música não era uma opção. Foi então que passei a olhar com carinho para quem estava criando conteúdo sobre finanças na internet (como o Thiago Nigro, do canal O Primo Rico) e reparei que quase ninguém ensinava sobre renda variável. Naquela época, eu sentia que muita gente estava interessada no assunto, o que acabou se confirmando nos anos seguintes, com a enxurrada de CPF que entrou no mercado financeiro — entre o primeiro trimestre de 2018 e o primeiro trimestre de 2021, o número de investidores pessoa física na bolsa de valores saltou de 700 mil para 3,2 milhões.[2] Apesar de muito relevante, esse número representa só 2% da população brasileira em idade para investir em renda variável, o que demonstra o enorme potencial de crescimento do mercado financeiro.

Por isso, acredito que acertei em cheio ao seguir minha intuição e criar o canal Pit Money, nome que mescla o apelido de infância "Pit" (redução de "pitoco" e "pitico", que sempre carreguei por conta da pouca altura) com a palavra em inglês para dinheiro. Em março de 2018, comecei a publicar conteúdo inédito todo santo dia, sempre tentando descomplicar conceitos, responder a dúvidas e dar dicas práticas de investimento com toda a graça que me é peculiar. Como escrevi na descrição do canal, minha ideia (que segue a mesma até hoje) é "ensinar a investir na prática, baseado no que eu faço com o meu dinheiro!". *Skin in the game, mothafuckers*!

Sempre foi importante para mim passar conceitos e estimular a prática do *Buy and Hold*, estratégia de investimentos que adotei com mais força depois de deixar o *trade*. Essa tática consiste, basicamente, em comprar (*buy*) e segurar (*hold*) o ativo de empresas sólidas de bons setores pelo período em que elas se mostrarem saudáveis, com margens de lucro satisfatórias e pouco endividamento, por exemplo. Ao comprar e segurar as ações de determinada empresa em carteira, o investidor passa a contar com a magia dos juros compostos,

---

2 Saiba mais sobre esse aumento em: <www.b3.com.br/pt_br/noticias/porcentagem-de-investidores-pessoa-fisica-cresce-na-b3.htm>.

que têm o poder de multiplicar seus ganhos de forma exponencial se ele reinvestir os dividendos (parte do lucro líquido de uma empresa que é distribuída aos acionistas).

Aliás, costumo chamar esse método de "Buy and Foda-se". Acho que fica mais claro: o cara analisa detalhadamente a empresa e o setor, compra o ativo e foda-se, não mexe mais nisso. A não ser para balancear o valor percentual que cada um dos ativos e setores ocupa na carteira, a fim de não apostar todas as fichas em uma só empresa e perder dinheiro. Não é à toa que o subtítulo deste livro é "Como investir bem sem entrar em parafuso". Buy and Foda-se é uma metologia que te permite investir em bons ativos de forma tranquila pra que você consiga voltar pro seu trabalho o quanto antes, porque é do seu trabalho que vêm seus aportes, e sem aporte não tem enriquecimento. É essa metodologia que os investidores mais cheios da grana do mundo seguem, e é o que eu vou ensinar a você.

Mesmo que você não trabalhe no mercado financeiro e não tenha (nem queira ter) um conhecimento tão aprofundado sobre ele, dá para alcançar seus objetivos fazendo o feijão com arroz bem-feito. Não vai ser fácil nem rápido, mas dá para chegar lá indo só no sapatinho.

Neste livro, você vai aprender os conceitos básicos para começar a investir em renda variável e entender qual mentalidade precisa desenvolver para obter sucesso no longo prazo, com foco em levar uma vida tranquila depois de parar de trabalhar sem precisar se privar das coisas boas da vida até lá. Tudo isso a partir dos meus conhecimentos técnicos e, principalmente, da experiência que venho acumulando como investidor durante anos no mercado financeiro.

E aí, bora ganhar uns din?

DEFINIÇÕES 1

uando um investidor abre o aplicativo de uma corretora e vê todos aqueles números, siglas e gráficos, talvez nem imagine o que o mercado financeiro precisou evoluir até se tornar eletrônico, seguro e transparente como é hoje. Durante muito tempo, as negociações aconteciam em ambientes físicos tumultuados em que apenas os *brokers* (aqueles corretores que ficavam berrando no pregão) tinham o conhecimento técnico e as informações necessárias sobre as empresas para negociar. Para você ter uma ideia, os investidores não tinham acesso nem às cotações em tempo real, algo que hoje é básico, e dependiam totalmente desses profissionais para comprar ou vender qualquer coisa na bolsa de valores. Tudo isso encarecia o custo da operação para as pessoas comuns, diminuindo a rentabilidade e, consequentemente, o interesse em investir.

Pense só: você é uma pessoa comum, que de vez em quando até consegue guardar um dinheiro no fim do mês, mas não uma quantia formidável, digamos. Se, para investir esse dinheiro, você precisa passar horas no telefone com o corretor e ainda pagar custos altos de operação, provavelmente preferirá usar esse valor de outra forma, afinal a rentabilidade será tão baixa que nem cobrirá as horas que você perderá se dedicando ao investimento. E esse era o cenário de antigamente, no pregão *old school*, que além do mais era muito mais suscetível à boataria e à desinformação, o que assustava e afastava quem queria começar a investir sua grana lá. Não à toa, até hoje o mercado financeiro luta contra o estigma de cassino, de que ganhar ou perder dinheiro na bolsa de valores é questão de sorte — o que absolutamente não é verdade.

Desde a adoção do pregão eletrônico pela internet e a popularização do *home broker*, plataforma gratuita disponibilizada por corretoras de valores para que os próprios investidores acompanhem a cotação dos ativos e controlem suas carteiras em tempo real, emitindo ordens de compra e venda sem qualquer intermediação humana, o ambiente vem se tornando mais favorável ao investidor. Por conta dessa facilidade, muita gente perdeu o medo e passou a investir seu dinheiro em boas empresas na bolsa de valores, o que para mim é a melhor alternativa para quem quer ter rentabilidade no futuro, se aposentar com tranquilidade e poder passar um tempo aproveitando o sol nas Bahamas. Se você está lendo este livro, aposto que é uma dessas pessoas que pretendem se tornar sócias de empresas sólidas e rentáveis e faturar com elas por muitos anos, certo? Pois eu vou te ensinar o caminho das pedras para investir com responsabilidade e constância, aumentando a possibilidade de turbinar seus lucros no longo prazo. O primeiro passo para que você domine o assunto e se torne um investidor foda é entender como essa maçaroca toda começou. Vamos nessa?

24

Back to basics

A primeira bolsa de valores a negociar "ações" no mundo surgiu no início do século XVII, na Holanda.[3] Quem conta essa história como ninguém é o Alexandre Versignassi, no livro *Crash*. Mas faço a seguir um resumo com algumas simplificações.

Naquela época, os holandeses estavam decididos a comprar especiarias (pimenta, cravo e canela) diretamente dos produtores na Ásia, a fim de eliminar os intermediários e passar a revender esses produtos, então considerados os mais valiosos do mundo. No entanto, o pequeno país europeu ainda não tinha tanta relevância no comércio marítimo, e qualquer viagem para o leste asiático era muito cara e perigosa.

Para mudar essa condição, o governo holandês decidiu mesclar as seis companhias de comércio do país que já vinham se arriscando nesse setor e criou uma única empresa, a Companhia Unida Holandesa das Índias Orientais (VOC, na sigla original). Para conseguir o dinheiro necessário à empreitada, a nova companhia decidiu vender cotas, tornando cada pessoa que adquirisse uma delas também um pouco dona daquela empresa. Isso facilitava o financiamento das viagens, que antes exigiam muito capital do governo e dos grandes patrocinadores, e ainda mitigava os riscos envolvidos, já que essas jornadas eram complexas e tinham grande risco de fracassar — imagine só o trampo que era atravessar oceanos em navios de madeira séculos atrás!

---

3   Conheça mais sobre a história em: <https:/novaescola.org.br/conteudo/2388/o-que-faz-e-como-surgiu-a-bolsa-de-valores>.

Para vender as cotas ao público em geral, a voc criou um mercado específico para isso em Amsterdã,[4] que foi chamado popularmente de *bourse* (bolsa), palavra que os holandeses já usavam para se referir a locais usados por comerciantes para fazer negócios.

Vender cotas de uma empresa para cidadãos comuns era uma estratégia nova em relação à adotada em países mais desenvolvidos economicamente na época — Portugal e Espanha, por exemplo, que tinham poucos e bons investidores, entre os quais nobres e banqueiros. A tática holandesa de pulverizar o custo e diminuir substancialmente o risco deu certo, e a voc conseguiu milhares de pequenos investidores em pouco tempo. Cada cota de expedição comprada era chamada de "parte de uma ação", e fazia jus ao nome: tratava-se de uma pequena parcela dos custos das expedições rumo às Índias. Na prática, o cidadão comprava o direito de receber uma parcela dos lucros da companhia em períodos preestabelecidos.

O grande problema, como lembra Versignassi, era a dificuldade de saber se os navios voltariam carregados de especiarias, se é que voltariam, já que muitos deles acabavam naufragando no meio do caminho. Pior: se uma pessoa espalhasse o boato de que um navio havia naufragado durante a viagem de volta das Índias, muita gente correria para tentar vender suas cotas e evitar o prejuízo, o que inevitavelmente diminuiria o preço delas. Da mesma forma, se outra pessoa alardeasse que estava a caminho um navio carregado de mercadorias, a quantidade de gente interessada em comprar cotas

---

4 Veja mais sobre o tema em: <www.nbbmuseum.be/en/2010/01/stockmarket.htm> (texto em inglês).

aumentaria e o preço delas subiria. Em resumo, essa incerteza sobre o status da navegação gerava boatos e acabava influenciando as pessoas a comprar ou vender papéis naquela bolsa recém-criada, movimento especulativo muito parecido com o que acontece até hoje nos pregões mundo afora.

A palavra "ação" (que eu prefiro chamar de "fração", já que o que compramos atualmente é uma parte da empresa) continua sendo usada por línguas latinas para representar a pequena parcela da companhia que é negociada na bolsa, mesmo que o comprador de hoje não invista, necessariamente, no movimento de algo em direção a um lugar, como o de um navio rumo ao desconhecido.

O termo "bolsa", por outro lado, tem origem bastante incerta. Há quem diga que ele passou a ser adotado ainda no século XIV, quando mercadores estrangeiros se reuniam em frente a um tal "Hôtel des Bourses" (Hotel das Bolsas), na cidade de Bruges, na Bélgica. Além de servir de pousada para os comerciantes, o local também era um dos pontos de negociação mais conhecidos da região naquela época, o que teria ajudado a fixar o termo como sinônimo de lugar de negociação. Há quem diga também que a palavra ganhou esse significado porque os mercadores usavam enormes bolsas para carregar as moedas que seriam usadas nas transações comerciais — afinal, naquela época não havia cartões, maquininhas ou meios de fazer uma transferência bancária, muito menos um PIX.

Hoje a bolsa de valores representa um ambiente eletrônico de negociação, em que são compradas e vendidas pequenas participações de companhias dos mais variados setores. Ao comprar uma ação, você se torna sócio, ou seja, passa a ser um dos donos. Por isso, é muito importante que o investidor se envolva com a empresa antes e depois de se tornar sócio dela. Antes, analisando a saúde do negócio para evitar entrar em roubada. Depois, acompanhando as decisões e os rumos da companhia para avaliar se está valendo a pena continuar associado a ela.

Aliás, um conceito fundamental que todo investidor precisa aprender logo de cara e ter sempre em mente é que as empresas negociadas no mercado financeiro são feitas de pessoas que emprestam sua inteligência e seu esforço diariamente para gerar valor para seus sócios e para a comunidade. São especialistas nas áreas em que atuam e podem gerar dinheiro mesmo para quem não é. Você pode investir na Embraer sem ter ideia de como funciona um avião!

Quando você compra um ativo, não está comprando um código formado por algumas letras e números, e sim uma parcela de uma organização formada por seres humanos especialistas naquela área específica que produz riqueza e tem objetivos parecidos com os seus. Você não iria arriscar o seu suado dinheirinho, conquistado com muito esforço, para participar do *business* de uma empresa na qual você não acredita, né? Tenho certeza de que não.

O que é investimento?

Você não terá sucesso no mercado financeiro se não entender o que realmente significa investir. Em poucas palavras, investimento é a troca de um dinheiro no presente para receber mais dele no futuro. Significa empregar um capital com objetivo o de gerar lucro lá na frente. É como faziam os investidores da voc, por exemplo, ao colocar dinheiro nas expedições comerciais à Índia com a expectativa de ter retorno (lucro) quando os navios voltassem em segurança e com boas mercadorias para serem revendidas na Europa.

Fique atento, pois é exatamente a relação entre tempo e dinheiro que vai te fazer ficar rico. Quanto mais a grana permanecer em um bom investimento, mais os juros compostos (juros sobre juros) vão atuar e maior será o valor acumulado, principalmente se você fizer aportes recorrentes, reinvestir os dividendos e movimentar pouco suas posições. Ok, tudo isso parece muito complicado, mas fica tranquilo que vou te explicar melhor ao longo do livro; por ora, o importante é se ater ao fato de que o relógio está do seu lado quando o assunto é capitalizar.

Existe uma frase bastante conhecida no mercado financeiro que ilustra bem esse ponto de vista: "Investimento é igual a sabonete; quanto mais você mexe, menor ele fica". Se investir é trocar o dinheiro hoje por mais grana amanhã, não faz sentido ficar mudando de ideia a todo momento, comprando e vendendo ações de acordo com o movimento natural de sobe e desce do mercado. A cada mexida, você pode perder parte do valor e, principalmente, o efeito do tempo nos juros compostos, que é, como eu disse, o que vai te tornar rico. Warren Buffett disse certa vez e traduzo livremente:[5] "Não importa quão grande é o talento ou o esforço, algumas coisas levam tempo. Não dá para produzir um bebê em um mês engravidando nove mulheres". Ou seja, investir exige tanto habilidade quanto paciência.

---

5   A frase foi traduzida livremente daqui: <www.forbes.com/sites/erikaandersen/2013/12/02/23-quotes-from-warren-buffett-on-life-and-generosity/#73436858f891> (texto em inglês).

Acredito que ações de boas empresas e fundos imobiliários são os melhores ativos para o investidor de longo prazo, o *holder*. Eu gosto de investir em empresas porque elas produzem tudo o que consumimos (bens e serviços) e são compostas pelos mais diversos tipos de pessoas, todas com o mesmo objetivo de oferecer um produto melhor por um preço menor — e é a esse tipo de gente que batalha para crescer que eu, como investidor e dono, quero me associar. Já os fundos imobiliários eu compro porque me oferecem liquidez (facilidade de compra e venda), diversificação (entre vários tipos de imóveis) e gestão terceirizada (zero preocupação com o inquilino), além de render ganhos mensais que podem ser reinvestidos em outros ativos. Aliás, é assim que atuam os bons investidores de longo prazo, como Warren Buffett, Luiz Barsi, Charlie Munger, Luiz Alves Paes de Barros, Benjamin Graham e Philip Fisher: compram boas empresas e fundos imobiliários, recebem os dividendos delas e reaportam os valores em ativos que estão em porcentagem mais distante do ideal, aumentando o bolo e diversificando seus investimentos entre vários tipos de empresas e setores. No começo, o investidor pode até achar que está crescendo pouco, mas se tiver paciência e fizer os aportes e balanceamentos necessários, com o tempo (sempre ele) a coisa engrena e começa a crescer exponencialmente. Aí é só alegria!

O beabá do mercado financeiro

Toda empresa, para fazer parte do mercado financeiro e poder captar recursos, precisa abrir seu capital para investidores, permitindo que eles se tornem sócios a partir da compra de suas ações na bolsa de valores. O processo de abertura de capital é bem complexo, mas dá para dizer que as companhias costumam se apresentar para investidores institucionais na tentativa de sentir a demanda e entender qual seria a provável faixa de preço de estreia na bolsa. Não à toa, muitas companhias desistem durante essa fase por entender que o valor inicial a ser captado não seria tão atraente.

Além disso, para negociar suas ações no Brasil, a companhia também precisa ser aprovada junto à B3, que foi criada em 2017 a partir da fusão entre a BM&FBovespa e a Central de Custódia e de Liquidação Financeira de Títulos (Cetip),[6] concentrando todas as negociações do mercado financeiro brasileiro em um lugar só. O processo costuma ser bastante demorado e exigente, mas, quando superado, permite à empresa fazer sua oferta pública inicial, o IPO (do inglês *initial public offering*, lê-se "ai-pi-ou").

A negociação de ações se divide em dois tipos: mercado primário e mercado secundário. No primário, que ocorre durante o IPO, a empresa vende suas ações diretamente aos investidores, captando uma bolada de recursos para fazer o que quiser: expandir o negócio, quitar dívidas ou simplesmente fortalecer o caixa para enfrentar um período turbulento. Em 2020, por exemplo, a maior oferta pública de ações no Brasil foi a do Grupo Mateus, rede de atacado e varejo bastante popular no Maranhão e no Pará, que conseguiu captar R$ 4,6 bilhões[7] na rodada inicial. Ilson Mateus, CEO e maior acionista do grupo, afirmou que pretendia usar os recursos para quadruplicar

---

6 Conheça esse histórico aqui: <https://ri.b3.com.br/pt-br/b3/historico>.

7 Veja mais sobre o caso: <https://6minutos.uol.com.br/negocios/apos-maior-ipo-do-brasil-em-2020-dono-do-grupo-mateus-vale-quase-r-9-bilhoes>.

o quadro de funcionários, que, em 2019, contava com 29 mil colaboradores.

Já no mercado secundário, os ativos são negociados entre os investidores em geral de forma anônima. Nesse caso, a empresa não recebe dinheiro diretamente, já que o lucro da venda de cada ação (se houver) fica apenas com o investidor que a detinha e a vendeu. Isso pode ser visto na prática quando você negocia ações na corretora, já que o *book* de ofertas, instrumento pelo qual é possível visualizar as ordens de compra e venda, não exibe a identidade do comprador ou do vendedor, mantendo o anonimato do negócio.

Aliás, pode parecer meio maluco isso, mas a própria bolsa de valores é uma sociedade anônima com capital aberto. Uma questão interessante seria: "Mas, Pit, como ela ganha dinheiro, cresce e remunera seus investidores?". Simples: ao negociar qualquer ação aqui no Brasil, os investidores são obrigados a pagar à B3 pequenas taxas por fazer a intermediação das negociações, e é isso que movimenta o capital da empresa. Ou seja, quanto mais gente estiver pagando taxas por compras e vendas, mais a B3 lucra e melhor performance ela tende a ter. Sacou?

Resumindo, dá para dizer que a bolsa de valores existe para que as empresas consigam se financiar sem precisar recorrer a empréstimos bancários com juros, o que aumentaria o risco de endividamento, e para que investidores possam participar do negócio como sócios, financiando a expansão dessas empresas em troca dos proventos e da valorização advindos delas. Aqui no Brasil, por exemplo, todas as empresas presentes na bolsa são sociedades anônimas (empresas constituídas em sociedade, cujo capital — aberto ou não — é dividido em ações) e têm obrigação de distribuir parte de seus lucros entre os sócios trimestralmente, de acordo com o que determina o estatuto da empresa.

As ações podem ser negociadas em lotes de cem (lote padrão) ou de forma unitária (lote fracionário), no qual é possível adquirir entre 1 e 99 unidades. Quando o investidor for comprar ações, precisa estar atento ao preenchimento dos campos no *home broker*: para adquirir um lote padrão, deve usar o código da empresa, formado por quatro letras e um ou dois números; para comprar o fracionário, precisa inserir a letra F no fim, indicando ao sistema que vai fazer uma compra por unidade. Ou seja, se você quiser comprar apenas dez ações, não esqueça do F, ou você pode acabar com mil ações!

Além disso, é importante saber que os ativos negociados se dividem em três tipos: ações ordinárias, ações preferenciais e *units*. Vou explicar brevemente a diferença entre cada uma, mas a minha dica é não se preocupar tanto com isso. Na prática, a maioria das companhias costuma pagar todos os investidores da mesma forma, sem distinção quanto ao tipo de ação. Em todo caso, as ordinárias terminam com o número 3 e garantem o direito de ordem, ou seja, de poder votar na assembleia, mesmo privilégio que o controlador da empresa (o acionista com maior influência em tomadas de decisão da companhia). Já as preferenciais terminam em 4 e oferecem alguns privilégios no pagamento dos dividendos, ou seja, você não tem direito a voto, mas pode receber mais dinheiro (se comparado às ordinárias) ou ter prioridade no recebimento desse provento. E, por fim, existem as *units*, que terminam em 11 e são um *mix* entre ordinárias e preferenciais, com as proporções de cada uma variando de acordo com a empresa.

33

Como existe pouca diferença prática entre um tipo e outro, a minha recomendação é focar na análise e na escolha da empresa em que pretende investir, pesquisando a fundo a gestão e a situação financeira antes de fazer a compra. É isso o que realmente importa lá na frente. No entanto, caso você precise optar por apenas um tipo de ação da mesma empresa, recomendo escolher a que tiver o maior rendimento de dividendo (*dividend yield*, em inglês, ou apenas DY), desde que todas essas ações tenham boa liquidez, ou seja, uma pequena diferença de preço entre compradores e vendedores (*spread*).

As ações são o principal produto negociado na bolsa de valores, mas não são o único. Outro produto que eu gosto e no qual eu invisto são os BDRS (*Brazilian Depositary Receipt* ou recibo depositário brasileiro), uma espécie de recibo de ações de empresas gringas emitido no Brasil. Com eles, você consegue investir de forma indireta em corporações internacionais como Apple, Amazon, Microsoft e tantas outras dentro da própria B3, sem precisar operar lá fora ou pagar em dólar.

Até o segundo semestre de 2020, apenas pessoas com mais de R$ 1 milhão em aplicações financeiras (os chamados "investidores qualificados") podiam fazer esse tipo de operação, mas a Comissão de Valores Mobiliários (CVM) modificou a regra, permitindo que todos façam esse tipo de investimento.[8] Isso possibilita que o pequeno investidor diversifique seu portfólio com ativos do exterior sem a necessidade de abrir uma conta lá fora (o que envolve custos extras e burocracia), além de negociar em moeda local. Porém, ao comprar indiretamen-

---

8   Você pode se informar mais sobre isso em: <https://valorinveste.globo. com/mercados/renda-variavel/noticia/2020/10/20/bdrs-sao-liberados-para-pequeno-investidor-a-partir-do-dia-22-saiba-como-investir.ghtml>.

te ações de empresas de outro país, o investidor fica suscetível também à variação cambial, não somente às tradicionais oscilações da bolsa, o que pode ser desvantajoso.

Outro produto interessante são os ETFS (*Exchange Traded Fund* ou fundo negociado em bolsa de valores), fundo de investimento que replica o desempenho de algum índice de referência (combinação de ativos que estimam como o mercado está se comportando). Dessa forma você pode, por exemplo, comprar um pacote com as ações das empresas mais negociadas na B3 (BOVA11), cujo rendimento simula o índice Bovespa, ou das 500 maiores empresas dos Estados Unidos (IVVB11), que se baseia no índice americano S&P 500, entre outros vários tipos disponíveis. Vale ressaltar que, no Brasil, o ETF não paga dividendos em dinheiro diretamente ao investidor; eles são reinvestidos pelos fundos na mesma proporção do índice de referência.

Há também outros fundos negociados na bolsa de valores, caso do FII (fundo de investimento imobiliário), que direciona o dinheiro captado para ativos relacionados ao mercado imobiliário, e do FIA (fundo de investimento em ações), que capta e reinveste os recursos em ações escolhidas por um gestor profissional. Particularmente, não curto muito os fundos de ações, gosto mais de estudar as empresas e de tomar minhas próprias decisões. Mas como sempre digo: cada investidor tem uma cabeça, e cada cabeça, uma sentença. Se você se sente confortável com esse tipo de investimento e confia no gestor, vá fundo!

Há ainda produtos mais especulativos, que exigem mais conhecimento e com os quais eu recomendo ter muito cuidado. Nos contratos futuros, por exemplo, você negocia um volume definido com data de vencimento fixa, o que possibilita alavancar, ou seja, "apostar" valores maiores do que se tem de fato, já que só é preciso pagar a diferença ao outro apostador em caso de perda.

Já nas opções, o especulador adquire uma espécie de contrato de direito sobre um lote de ações, por exemplo, o que lhe garante a opção de comprar ou vender esses ativos em uma data futura por um preço previamente acordado.

Esses dois tipos de operação (os contratos futuros e as opções) são altamente voláteis, o que exige dedicação intensa e estômago forte para segurar o tranco. Por cinco anos, senti na pele a loucura do mercado futuro — do qual 80% dos investidores desistem antes de completar dois anos de atividade, segundo uma pesquisa norte-americana[9] — e entendi que o caminho para ficar bilionário é investir com paciência, em boas empresas, e fazer aportes recorrentes, como manda o bom e velho método *Buy and Hold*. É dessa forma que eu invisto hoje e é isso que você vai aprender neste livro. Por isso, não vou entrar em detalhes a respeito desses investimentos mais arriscados e com menos lastro. Bola pra frente.

Com tantas opções, não é raro o investidor iniciante ficar inseguro ao dar seus primeiros passos no mercado financeiro. Se esse é o seu caso, saiba que não está sozinho e aproveite este momento, quando você ainda é um pequeno investidor, para se dedicar a aprender e pegar logo as manhas. Quanto mais cedo começar, mais cedo poderá se aposentar. E nem precisa ter muito dinheiro para isso: as ações que tenho em carteira, por exemplo, custam em média

---

9   Veja mais sobre a pesquisa em: <www.tradeciety.com/24-statistics-why-most-traders-lose-money> (texto em inglês).

R$ 23, enquanto as cotas dos fundos imobiliários estão na faixa dos R$ 125. Ou seja, investir não custa caro como muita gente pensa, e a bolsa de valores é democrática a ponto de permitir que todos, endinheirados ou não, possam comprar partes das mesmas empresas, sem distinção. Então, o que você está esperando para deixar de ser abestado e virar um abastado, hein!?

2
JUROS COMPOSTOS

Tem uma frase atribuída a Charlie Munger, investidor bilionário e braço direito de Warren Buffett na Berkshire Hathaway, que resume sua forma de ver os investimentos da seguinte forma: "O dinheiro de verdade não está na compra ou na venda, mas na espera".[10] Para ele, ser bem-sucedido no mercado financeiro é manter boas companhias na carteira por um longo período, permitindo ao tempo amplificar a atuação dos juros compostos, esse sim o grande motor que acelera o processo de gerar riqueza dos investidores. O próprio Buffett é um ótimo exemplo disso: começou a investir aos 11 anos, tornou-se milionário aos 30, alcançou seu primeiro bilhão aos 55 e hoje, aos 90, se mantém entre as cinco pessoas mais ricas do planeta. É claro que sua habilidade ímpar para encontrar boas oportunidades no mercado financeiro ajudou bastante na construção desse patrimônio, mas o que fez a diferença mesmo foi a mentalidade de dono e, principalmente, a ação dos juros compostos.

E não é de hoje que os juros compostos, esses queridinhos dos investidores, dão uma mão no enriquecimento.

---

10 Veja mais detalhes em: <www.nasdaq.com/articles/12-investing-tips-from-charlie-munger-that-you-need-to-hear-2019-12-15> (texto em inglês).

Não dá para cravar quando teria surgido esse conceito financeiro, mas o primeiro registro de algo próximo a isso teria sido feito por volta de 2400 a.C. por povos sumérios que habitavam a antiga Mesopotâmia,[11] onde hoje fica o Iraque. Naquela época, a cidade-estado Umma teria confiscado um pedaço de terra fértil da vizinha Lagash, mantendo a posse daquele território por duas gerações. Quando recuperou o controle da região, o governante Enmetena decidiu cobrar reparação pelo tempo que seu povo havia ficado sem as terras e estimou qual teria sido a capacidade de produção de cevada, grão muito valioso em uma região em que a base da economia era a agricultura.

Para "cobrar a fatura", o líder de Lagash calculou quanta cevada poderia ter sido produzida naquelas décadas, baseando-se na premissa de que os lucros obtidos com a colheita em um ano poderiam ser reinvestidos na produção do ano seguinte. Isso tudo gerava uma conta que, se convertida hoje, representaria 4,5 trilhões de litros de grãos, volume provavelmente nunca alcançado por nenhuma colheita na história do mundo, mesmo considerando as duas gerações. A lógica de Enmetena de aplicar juros à potencial produção de cevada não funcionou porque, para concretizar esse crescimento exponencial, seriam necessários também cada vez mais sementes e campos para plantar, dois recursos naturais limitados. O dirigente, porém, não era besta, e aquele era apenas um recurso retórico para pressionar o rival a compen-

---

11 GOETZMANN, William N. *Money Changes Everything: How Finance Made Civilization Possible*. Nova Jersey: Princeton University Press, p. 35-37. Sem edição no Brasil.

sá-lo. No fim, propôs que Umma ficasse sob o domínio de Lagash como pagamento da dívida.

Embora a conta não tenha sido precisa, Enmetena estava certo em considerar que os lucros recebidos em um mês poderiam ser reinvestidos nos meses seguintes, e essa é a lógica por trás dos juros compostos. Assim, como em uma bola de neve (não à toa esse é o nome da biografia do Buffett), os valores vão se acumulando a partir da quantia mais recente, tomando uma proporção cada vez maior. Imagine uma avalanche em que uma pequena massa de neve ou gelo se desprende de uma parte mais alta da montanha e desce ladeira abaixo, crescendo exponencialmente conforme captura mais massa durante sua trajetória descendente. No caso do dinheiro, essa "bola de neve" pode te render grana ou dor de cabeça. Pode te fazer muito rico, caso você siga investindo e aportando por bastante tempo, ou muito pobre, se contrair dívida junto aos credores, que impõem taxas nada convidativas aos clientes tomadores desse crédito. Por isso, o primeiro passo para se tornar rico é não fazer dívidas. Na vida, é muito mais fácil vacilar e se lascar todo do que acertar uma vez e se tornar um ricaço, então se esforce para fazer essa força ambivalente atuar a seu favor.

Aqui vale exemplificar em números como os juros compostos podem ser cruéis ao multiplicar sua dívida em escala inimaginável ou generosos a ponto de exponencializar a sua fortuna. Para isso, é importante saber que a fórmula dos juros compostos tem as variáveis "vf" como Valor Futuro, "vp" como Valor Presente, "i" como taxa de juros aplicada (em porcentagem) e "n" como tempo — aliás, o tempo é o único elemento no expoente da fórmula, por isso tem tanta influência no resultado final, seja para o bem ou para o mal. Repare:

$$VF = VP \times (1+i)^n$$

Imagine agora que você ultrapassou o limite da conta e entrou no cheque especial ou deixou de pagar a fatura do cartão de crédito. Neste exemplo hipotético, vamos considerar que a taxa desses recursos temporários e emergenciais é de 8% ao mês, o que equivale a aproximadamente 151% ao ano (mas a realidade é que isso varia bastante, principalmente para cima). Então, se sua dívida inicial for R$ 100, os juros compostos farão você dever o dobro do valor inicial já no nono mês (R$ 199,90) e fechar o primeiro ano devendo R$ 251,81 — uma vez e meia a mais do que no começo:

$100 \times (1 + 0,08)^9 = 199,90$ no fim do nono mês
$100 \times (1 + 0,08)^2 = 251,81$ no fim do primeiro ano

Como o tempo faz escalar o valor em progressão geométrica, o pesadelo desse *motherfucker* só aumentará a cada mês, fazendo a dívida chegar a aproximadamente R$ 630 no segundo ano e R$ 1.581 no terceiro.

$100 \times (1 + 1,51)^2 = 630$ no fim do segundo ano
$100 \times (1 + 1,51)^3 = 1.581$ no fim do terceiro ano

Mas não para por aí: uma década depois, aqueles R$ 100 devidos inicialmente já serão mais de R$ 1 milhão; em duas, mais de R$ 10 bilhões; e em três, extrapolarão com folga o valor do PIB global, que é de R$ 79 trilhões. Uma dor de cabeça e tanto!

42

Evolução da dívida

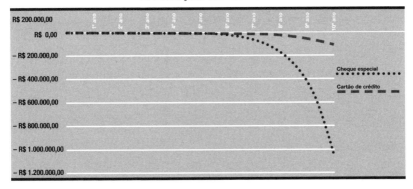

Por outro lado, os juros compostos também podem ser favoráveis caso você seja um investidor de longo prazo e faça aportes recorrentes. Vamos supor que a média de rentabilidade ao ano da sua carteira (o seu conjunto de ativos) seja 15%. A taxa é menor do que o que Warren Buffett faturou em sua longa carreira (20%) e maior do que o índice Bovespa médio (11%).[12] Veja:

$100 \times (1 + 0{,}15)^1 = 115{,}00$ no fim do primeiro ano
$100 \times (1 + 0{,}15)^2 = 132{,}25$ no fim do segundo ano
$100 \times (1 + 0{,}15)^3 = 152{,}08$ no fim do terceiro ano

Perceba que a velocidade de crescimento do investimento é muito menor do que a da dívida, o que prova a maior dificuldade em ganhar dinheiro. Até mesmo se esticarmos a variável de tempo para três décadas, o rendimento nesse período será de "apenas" R$ 6.621,18, insuficiente para qualquer aposentadoria, por exemplo.

No entanto, nem tudo está perdido, e a coisa muda de figura quando o investidor faz aportes recorrentes. Vamos su-

---

12 Os números baseiam-se num estudo feito pela Economatica. Saiba mais em: <https://insight.economatica.com/desempenho-do-ibovespa-50-anos-de-historia/>.

por a mesma situação (investimento inicial de R$ 100 e rentabilidade média de 15% ao ano), só que agora com aportes mensais de R$ 500. Em pouco tempo, você verá a curva do investimento subir de forma acentuada: R$ 6.115 no fim do primeiro ano, R$ 13.032,25 no segundo, R$ 20.987,09 no terceiro e assim por diante. Como os juros compostos são uma força exponencial, em três décadas você já terá acumulado R$ 2.615.092,06 — e poderá continuar aumentando esse valor se não retirar a grana e seguir aportando. No gráfico a seguir, é possível ver com clareza que, depois de um tempo, a curva do investimento com aporte cresce de forma mais vertical — é justamente aí que seu dinheiro começa a trabalhar para você e a magia dos juros compostos acontece.

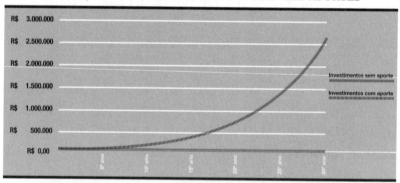

EVOLUÇÃO DOS INVESTIMENTOS COM E SEM APORTES

Ano	Sem Aporte	Com Aporte
1	R$ 115,00	R$ 6.115,00
2	R$ 132,25	R$ 13.032,25
3	R$ 152,09	R$ 20.987,09
4	R$ 174,90	R$ 30.135,15
5	R$ 201,14	R$ 40.655,42
6	R$ 231,31	R$ 52.753,74
7	R$ 266,00	R$ 66.666,80
8	R$ 305,90	R$ 82.666,82
9	R$ 351,79	R$ 101.066,84
10	R$ 404,56	R$ 122.226,87
11	R$ 465,24	R$ 146.560,89
12	R$ 535,03	R$ 174.545,03

Ano	Sem Aporte	Com Aporte
13	R$ 615,28	R$ 206.726,78
14	R$ 707,57	R$ 243.735,80
15	R$ 813,71	R$ 286.296,17
16	R$ 935,76	R$ 335.240,60
17	R$ 1.076,13	R$ 391.526,69
18	R$ 1.237,55	R$ 456.255,69
19	R$ 1.423,18	R$ 530.694,04
20	R$ 1.636,65	R$ 616.298,15
21	R$ 1.882,15	R$ 714.742,87
22	R$ 2.164,47	R$ 827.954,30
23	R$ 2.489,15	R$ 958.147,45
24	R$ 2.862,52	R$ 1.107.869,57
25	R$ 3.291,90	R$ 1.280.050,00
26	R$ 3.785,68	R$ 1.478.057,50
27	R$ 4.353,53	R$ 1.705.766,13
28	R$ 5.006,56	R$ 1.967.631,04
29	R$ 5.757,55	R$ 2.268.775,70
30	R$ 6.621,18	R$ 2.615.092,06

Já no gráfico a seguir, que compara os efeitos positivos e negativos dos juros compostos, vê-se claramente que a curva do investimento é bem plana (ou *flat*, como se diz no meio) em relação à do cheque especial e sua variação é praticamente imperceptível no começo, enquanto a das dívidas se multiplica rapidamente desde que você a contraiu e desce de forma mais aguda. Isso confirma o que todo mundo que se encontra nessa situação sente na pele: a porrada da dívida é bem mais forte do que a dos investimentos.

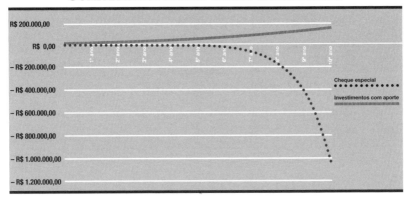

COMPARATIVO: DÍVIDA *VERSUS* INVESTIMENTO

Por isso, se a ideia é ficar rico, é estratégico evitar qualquer tipo de dívida e usar os juros compostos a seu favor, potencializando-os com investimentos recorrentes. No começo, a curva de crescimento da sua riqueza será tímida, mas mantenha o ânimo, a disciplina e o sacrifício que logo o dinheiro estará trabalhando por você. Vai valer a pena. Ter participação em boas empresas e ainda ganhar dinheiro com isso é ótimo e pavimenta o caminho de prosperidade e da liberdade financeira que tanto desejamos para o futuro, especialmente quando pararmos de trabalhar.

Home broker contra a Previdência Social

Se você quer ser um velhinho cheio da grana quando se aposentar e poder fazer o que quiser da vida sem se preocupar com a conta, precisa começar a colocar a força dos juros compostos para trabalhar a seu favor desde já. Por falar em futuro, são grandes as chances de que você ainda tenha algumas décadas de vida pela frente quando diminuir o ritmo de trabalho ou parar de trabalhar, então é imprescindível pensar na própria aposentadoria agora. Nos anos 1940, por exemplo, a expectativa de vida ao nascer era um pouco maior do que 45 anos, e nossos antepassados não tinham outra coisa a fazer a não ser trabalhar até morrer. Isso vem mudando e, de acordo com os dados mais recentes, o brasileiro agora vive em média 76,3 anos,[13] mais de uma década acima da

---

13 Saiba mais em: <https://agenciadenoticias.ibge.gov.br/agencia-noticias/ 2012-agencia-de-noticias/noticias/29505-expectativa-de-vida-dos-brasileiros-aumenta-3-meses-e-chega-a-76-6-anos-em-2019#:~:text=Expectativa%20 de%20vida%20aumentou%20em,das%20mulheres%20de%2080%2C1>.

idade mínima da aposentadoria. Ou seja, você vai precisar acumular dinheiro para manter a boa vida depois que seu salário deixar de pingar na conta — e melhor que seja suficiente para andar de carrão, tomar uns gorós caros e passar um tempo em algum lugar paradisíaco, não é mesmo?

Aliás, como o tempo é um fator determinante na equação dos juros compostos, o ideal é reservar uma parte do seu rendimento mensal atual para seu próprio uso no futuro, quando você não terá as mesmas condições de hoje. No fim das contas, investimento é isso: trocar o dinheiro fruto do seu trabalho atual por um valor maior no futuro, resultado da força produtiva de pessoas que trabalham para as empresas das quais você é sócio-investidor.

Além disso, você também deveria considerar a possibilidade de sua profissão se transformar radicalmente ou até deixar de existir nas próximas décadas. A tecnologia tem se desenvolvido tão depressa que eu não me espantaria se algumas tarefas humanas logo fossem automatizadas e se as ferramentas avançassem a ponto de parte dos trabalhadores ser desligadas de suas funções por falta de adaptação à nova realidade. Em 2018, a consultoria McKinsey[14] divulgou um estudo estimando que, até 2030, 15,7 milhões de trabalhadores serão afetados pela automação somente no Brasil, o que equivale a 14% da força de trabalho atual do país. Acha que estou exagerando? Basta puxar pela memória algumas profissões que acabaram ou estão caminhando para a extinção por conta da evolução tecnológica: telefonista, ascensorista, vendedor de

---

14 Para mais detalhes, veja: <www.mckinsey.com/br/our-insights/blog-made-in-brazil/quase-16-milhoes-de-postos-de-trabalho-podem-ser-perdidos-no-brasil-ate-2030>.

enciclopédias, leiteiro, datilógrafo... Não quero assustar ninguém, mas o fim de certas profissões que hoje conhecemos é uma possibilidade real que reforça a necessidade de pensar a aposentadoria para além da Previdência Social.

Fazer investimentos de longo prazo também é uma ótima opção caso você tenha filhos, especialmente porque você ainda terá bons anos trabalhando e poderá fazer aportes recorrentes para amplificar a multiplicação exponencial dos juros compostos. Se você for paciente e disciplinado para seguir investindo por anos em boas companhias, tenho certeza de que conseguirá parar de trabalhar com um bom padrão de vida e, quem sabe, até uma boa herança para os herdeiros se estapearem quando você já não estiver mais por aqui.

E para não parecer que estou prometendo algo impossível, acho válido fazer algumas simulações usando a calculadora automática de aposentadoria que desenvolvi em parceria com meus sócios para a Inside.[15] Vamos supor que você esteja com 30 anos, nunca tenha investido na vida e atualmente receba R$ 4 mil mensais pelo seu trabalho, não importa qual. Com essa idade, se você decidir se aposentar com os habituais 65 anos, terá três décadas e meia de investimento para construir sua fortuna. Vamos considerar também que você tenha decidido separar 10% do seu salário (R$ 400) para aportar nas suas empresas todo santo mês até a aposentadoria e que a rentabilidade total anual da sua carteira será de 11,55% na média dessas décadas todas, um valor até certo ponto conservador e calculado a partir da média histórica do Ibovespa descontado da inflação média por período.

---

15 Aqui você tem acesso ao simulador: <https://simulador.pitmoney.com.br>.

Dito isso, é possível estimar que os investimentos consistentes e os juros compostos te farão milionário antes dos 60 anos de idade e te aposentarão com quase R$ 2 milhões na conta — R$ 1.864.316,35 para ser mais exato. Se você ainda viver até os 80 anos (ou seja, mais 15 anos depois de parar de trabalhar), poderá torrar pouco mais de R$ 22 mil por mês até bater as botas sem que seu dinheiro acabe. Não é fácil chegar a esse patamar, mas é perfeitamente possível se mantiver a disciplina e o foco. Isso porque estou sendo bem conservador ao não considerar as possibilidades reais de você aumentar os aportes conforme for subindo na carreira ou de o mercado valorizar acima da média, aumentando a rentabilidade média dos investimentos. Se isso acontecer, a liberdade financeira pode vir bem antes e a aposentadoria também.

SIMULAÇÃO DE APOSENTADORIA COM BASE NA RENDA

Quanto você ganha por mês (R$)?	R$ 4.000,00
% da sua renda que você investe	10%
Sua rentabilidade total anual projetada	11,55%
Quantos anos você vai investir até a aposentadoria?	35
Quanto você já tem investido (R$)?	R$ 0,00
Você alcançará seu primeiro milhão em (anos)	29,5
Você se aposentará com	R$ 1.864.316,35
Quantos anos quer viver aposentado?	15
Poderá torrar por mês no máximo	R$ 22.264,99

Agora vamos supor que você — o mesmo jovem de 30 anos que ainda tem 35 anos de trabalho pela frente e nunca investiu na vida — decida estabelecer a meta de se aposentar com R$ 5 milhões em carteira. Quanto precisa aportar mensalmente para conseguir alcançar esse objetivo? Considerando também a mesma rentabilidade conservadora que estipulei na simulação anterior (11,55%), dá para dizer que você precisará separar R$ 1.072,78 por mês durante as três décadas e meia de trabalho para os investimentos — o que, como no exemplo anterior, pode ser acelerado caso você invista valores maiores ou o mercado apresente rentabilidade acima da média. Dessa forma, se você ainda viver por mais 15 anos e for um velhinho inconsequente que torra R$ 25 mil mensais com tudo de bom a que tem direito, ainda assim deixará aos herdeiros a bagatela de R$ 16.707.850,97 — neste caso, sugiro pensar bem no testamento.

SIMULAÇÃO DE APOSENTADORIA COM BASE NA META

Com quanto você quer se aposentar (R$)?	R$ 5.000.000,00
Quantos anos você tem até a aposentadoria?	35
Sua rentabilidade total anual projetada	11,55%
Quanto você já tem investido (R$)?	R$ 0,00
Quanto você deverá investir por mês	R$ 1.072,78
Quantos anos você pretende viver aposentado?	15
Quanto você quer gastar por mês aposentado?	R$ 25.000,00
Quanto de herança você vai deixar	R$ 16.707.850.97

Brincadeiras à parte, fiz esses cálculos para te mostrar que é possível ficar rico investindo uma parte pequena da sua renda com foco no longo prazo, construindo assim a vida que você deseja ter quando deixar de trabalhar. Meu pai sempre diz: "Para quem não sabe aonde vai, qualquer vento serve". Então, pare de enrolar e comece agora mesmo a definir seus objetivos de vida e como vai fazer para concretizá-los. Não tenha pressa para enriquecer, a estrada será longa e você precisará de fôlego e resiliência para completá-la. Não à toa, praticamente todos os investidores que adotam a estratégia *Buy and Hold* já têm cabelos brancos quando se tornam muito, muito ricos — alguns deles até multibilionários, como é o caso de Munger e Buffett. Mesmo que tenham começado a investir muito cedo, esses *holders* só colhem os resultados quando ficam mais velhos, já que o principal motor dos investimentos é justamente o tempo. A lógica é muito simples: quanto maiores o período e o aporte em boas empresas, mais os juros compostos atuarão e melhor será o resultado, ainda que os preços dos ativos variem no curto prazo. Por isso, quanto antes você começar a se mexer, melhor.

3
MINDSET

Warren Buffett tinha 11 anos de idade quando fez sua primeira operação na bolsa de valores. Com o dinheiro que vinha juntando desde os seis, convenceu a irmã a entrar como sócia no negócio e comprou três ações preferenciais da companhia de gás natural Cities Services, hoje extinta. Na época, o moleque pagou US$ 38 por papel, mas eles logo desvalorizaram para US$ 27. Quando tornaram a subir e atingiram US$ 40, ele decidiu vender sua participação na empresa, deixando o negócio com um pequeno lucro e, pouco tempo depois, tendo um grande arrependimento, já que aquelas mesmas ações passaram a valer mais de US$ 200 cada!

Esse dinheiro "perdido" — afinal, perder e deixar de ganhar são quase a mesma coisa no mercado financeiro — fez o jovem Buffett refletir bastante e tirar algumas lições importantes para a vida. Uma delas, a de que não vale a pena ficar preso às variações diárias da ação, fazendo comparações ao valor de compra do papel. Outra, que não se deve ter pressa para tirar algum lucro de uma operação, seja ela qual for. E, por fim, que é preciso muito cuidado ao lidar com o dinheiro alheio, já que qualquer erro de avaliação pode fazer o outro perder aquilo que deu duro para conseguir. Em todo caso, esse primeiro revés não o abateu, e ele seguiu aprendendo e investindo.

Anos mais tarde, foi estudar negócios na Universidade de Columbia, uma das mais prestigiadas dos Estados Unidos, e lá teve contato com o professor Benjamin Graham, referência em análise fundamentalista de investimentos, aquela que avalia a situação real da empresa a partir de dados da própria companhia ou do setor no qual ela está inserida. Esses dados podem ser traduzidos em números, nos quais se baseiam os indicadores fundamentalistas, resumidamente, números calculados com base nos resultados apresentados pelas empresas ao final de determinado período (são números tão importantes que o capítulo 6 é todo dedicado a eles; já, já chegamos lá).[16] Os indicadores permitem que o investidor avalie de forma mais clara se está fazendo um bom negócio ou não, ou seja, enxergue melhor o lastro (garantia) do investimento que fará em ações. E é esse olhar para as bases reais do negócio que diferencia os *holders* — adeptos do *Buy and Hold*, como Buffett e eu — dos *traders*, que preferem focar na análise gráfica, tentando prever para onde vai o mercado (alta ou baixa) baseando-se apenas no comportamento anterior dos preços.

Buffett aproveitou tanto as aulas de Graham que, depois de formado, foi contratado pela gestora de investimentos do professor, que também se tornou um dos seus gurus no mer-

---

16 Na linguagem dos investimentos, há dois tipos de indicadores: os fundamentalistas e os de análise técnica, de que não convém tratar aqui. Assim, sempre que, ao longo do livro, eu falar de "indicadores", estarei me referindo aos fundamentalistas.

cado financeiro. Já no fim dos anos 1950, decidiu voltar para sua cidade natal, Omaha, e criar seu próprio fundo de investimento, que logo deu retornos acima da média aos investidores, fazendo nascer a fama de investidor mágico que lhe rendeu o apelido de "Oráculo de Omaha".

Hoje, Buffett acumula quase oito décadas de experiência no mercado financeiro e, mesmo aos 90 anos de idade, ainda segue ativo na Berkshire Hathaway, holding de investimento que criou em 1965, após encerrar as atividades de seu primeiro fundo. Sua fortuna pessoal é estimada em mais de US$ 80 bilhões,[17] o que faz dele um dos cinco homens mais ricos do planeta. Ainda assim, mantém um estilo de vida modesto para um bilionário: mora na mesma casa que comprou em 1958, não teve muitos carros na vida e só recentemente trocou seu velho celular de "flip" (aquele antigão, que abre e fecha) por um iPhone. Esse jeitão simples e austero só é deixado de lado para ajudar os mais necessitados, o que faz dele um dos filantropos mais generosos do mundo, com mais de US$ 41 bilhões doados até o momento.[18]

Vida pessoal à parte, Buffett se notabilizou no mercado financeiro por executar com habilidade ímpar a filosofia do bom e velho *Buy and Hold*, fazendo investimentos de longo prazo por meio da compra de ativos geradores de renda com mentalidade de dono. Essa estratégia, como já mencionei, é bastante indicada para trabalhadores que pretendem manter

---

17 Fonte do índice de bilionários: <www.bloomberg.com/billionaires> (texto em inglês).

18 Conheça mais sobre o perfil de Warren Buffett em: <www.forbes.com/profile/warren-buffett/?sh=4eca234d4639> (em inglês).

um bom nível de vida ao se aposentarem, para quem deseja deixar patrimônio a herdeiros e familiares quando morrer e até para quem quer acelerar seu processo de enriquecimento, já que tem maior probabilidade de sucesso e segurança do que as falsas promessas de pirâmides, marketing multiníveis ou qualquer outra historinha para boi dormir que contam por aí só para pegar o seu dinheiro e cair fora.

Para enriquecer no longo prazo, você precisa investir de forma constante em empresas boas e rentáveis (que serão escolhidas após a análise dos indicadores fundamentalistas, como citei) e balancear a carteira de investimentos sempre que possível. No *Buy and Hold*, segurar não significa comprar ações e nunca mais olhar para elas — muito pelo contrário. É preciso revisar sempre a composição do portfólio para fazer os devidos ajustes, evitando perder dinheiro com empresas que estejam indo para o brejo ou aumentando a exposição naquelas que saíram de lá, digamos assim.

Em outras palavras, balancear e diversificar os investimentos são atitudes fundamentais para suavizar o peso de possíveis perdas (situação que, vez ou outra, vai acontecer) e manter a rentabilidade. Por exemplo: imagine que uma empresa que representa 10% do seu portfólio está indo pras cucuias e outra que representa a mesma porcentagem na sua carteira está subindo proporcionalmente; é bem possível que durante todo o processo de deterioração o rendimento de uma compense a perda da outra e você nem sinta o solavanco. Por isso é muito mais importante analisar bem a saúde de cada empresa na qual você investe seu suado dinheiro do que ficar prestando atenção no sobe e desce diário do pregão.

Aliás, muitos investidores iniciantes ficam obcecados por empresas mais arriscadas, como se elas tivessem maior potencial de valorização — o que não é necessariamente verdade. Os melhores e mais experientes investidores costumam se expor menos em ativos mais instáveis (para eles, quanto maior o risco, menor a exposição), pois entendem que o fator tempo compensará o potencial de retorno lá na frente — portanto, o importante é se manter no *game* para poder usufruir disso no longo prazo.

Ok, é verdade que não existe uma classificação única e unânime para o que seria longo prazo, mas eu considero que esse período começa a partir de 15 anos. Calma que eu explico o porquê: historicamente, os períodos de *bear market* (quando índices ou ações caem mais de 20% na comparação com seus picos mais recentes) não duram mais do que cinco anos, mas há estudos que indicam que a bolsa pode, ainda que em casos raros, passar mais de 10 anos em queda. Então, para que você consiga superar os movimentos naturais da bolsa e tenha saldo positivo e tranquilidade no fim das contas, precisa seguir em frente, investindo e balanceando, por pelo menos uma década e meia. A partir daí, mermão, é só alegria: os juros compostos multiplicam seus investimentos, e a fortuna cresce cada vez mais.

Foi o que aconteceu com Buffett, por exemplo, que viu seu patrimônio subir exponencialmente só depois de completar cinquenta anos de idade[19] — estima-se inclusive que 99% de sua fortuna bilionária só tenha sido conquistada após esse

---

19 Veja o gráfico em: <https://i.pinimg.com/736x/18/b0/38/18b03851ae15c87 463add765a71c9f27.jpg>.

aniversário. Por isso, mire-se no exemplo desse velhinho caris-mático craque em ganhar dinheiro, tenha em mente que nunca é tarde para começar a investir na bolsa de valores. "O melhor dia para começar a investir foi ontem; o segundo melhor é hoje", diz uma frase famosa entre os investidores — e estude bastante para encarar a maratona do investimento de longo prazo com qualidade técnica e inteligência emocional. Tenho certeza de que dará certo.

A mentalidade ideal do *holder*

Todo mês, assim que recebo pelos trabalhos que faço, separo imediatamente 25% do valor para aportar nas empresas em que invisto. É um ritual que cumpro à risca, sem falhas, porque sei que não tenho disciplina para aportar o que sobrar do dinheiro no fim do mês — acabo enriquecendo os donos de bar, sabe como é. Faço isso pela família que tenho e também pelo Pit do futuro, aquele que quer viver bem e aproveitar ainda mais a vida quando parar de trabalhar. Assim, separando essa espécie de imposto, não preciso me preocupar se vou ter dinheiro ou não no fim do mês para fazer meus aportes. E para melhorar, caso ainda sobre alguma grana no fim do mês, transfiro mais um pouco para a corretora e sigo engordando o porquinho.

Você não precisa fazer igual a mim, claro. Eu sei que poder separar 25% da renda mensal para investimentos é um privilégio e seria bobagem cagar regra sobre isso por aqui. No entanto, é muito importante estabelecer consigo mesmo o compromisso de investir com constância, se possível todo mês. Se você é desregrado como eu e sabe que vai gastar além da conta se tiver dinheiro parado no banco, a melhor saída é separar logo de cara a grana para sua carteira de investimentos e se organizar para encaixar os custos da vida cotidiana no que restar do seu salário. É importante também estabelecer uma porcentagem que faça sentido para você e seja praticável — não adianta querer separar 25% para investir e acabar fazendo dívida para pagar o mês, né? Investir logo de cara te dá o sentimento de dever cumprido, de saber que gastou o que poderia ser gasto no mês sem prejudicar o velho que você será no futuro, mas a porcentagem é bem individual. Fazendo isso, você se fortalece mentalmente e continua focado no objetivo de fazer crescer sua carteira cada vez mais — e isso é fundamental para investir bem, com mais consciência e menos emoção.

Aliás, essa é outra dica importante: busque sempre investir de forma racional e não dê uma de Roberto Carlos, que acha que o importante são as emoções vividas. Na bolsa de valores, não é bem assim que funciona. Todo investidor é impactado por uma série de informações (notícias, boatos, análises etc.) que o faz pensar e reagir a respeito. Se nesse momento você estiver com o pensamento fora de foco, meio zoado, vai acabar agindo de forma errada, influenciado demais pelos sentimentos. Aí, não importa seu conhecimento ou planejamento, você vai tomar as piores decisões e perder dinheiro por conta disso. É quando a emoção toma conta do *game* que a galera se lasca, vai por mim.

Reflita consigo mesmo: quantas vezes você comprou uma coisa desnecessária por impulso, tomou uma decisão errada no seu trabalho porque não analisou direito as possíveis consequências ou fez escolhas ruins na vida apenas porque estava pressionado pela sensação de que estaria errado se não as fizesse? Isso acontece todos os dias, com todas as pessoas, nas mais diversas situações — e não seria diferente nos investimentos, claro. Na bolsa de valores, é muito comum ocorrerem oscilações positivas e negativas durante um único dia de pregão, então assistir a essa montanha-russa certamente te fará tomar decisões bem ruins apenas por medo ou ansiedade.

Não à toa muitos experts teóricos do mercado financeiro, quando vão investir de fato, acabam perdendo dinheiro como se fossem iniciantes, pois não têm experiência prática suficiente em lidar com o próprio emocional, de modo que se entregam ao medo, dão ouvidos aos ruídos da renda variável e deixam-se influenciar pelas oscilações de curto prazo mesmo conscientes de que não deveriam fazê-lo. No fim das contas, é mais importante ter estômago para enfrentar as variações do mercado do que apenas capacidade analítica e técnica sobre investimentos.

Agora, você não é todo mundo, como dizem as mães, com razão. Você é um investidor de longo prazo e não toma atitudes influenciado pela variação do mercado no curto prazo. Você olha o *home broker* somente quando vai aportar dinheiro e depois de fazer todas as análises e estudos necessários, uma "lição de casa" que você toma o cuidado de fazer quando o pregão está fechado, já que não quer ser influenciado pelo viés do preço. Afinal, não é porque a cotação caiu ou subiu em determinado dia que a empresa está melhor ou pior das pernas. É por entender que valor e preço são coisas diferentes que você vai às compras justamente quando a ação está mais barata, aproveitando as oportunidades do mercado. É assim que você age, não? Se não é, vai passar a ser!

Considero a prática de estudar cada uma das companhias antes de comprar tão importante para o sucesso do investidor que até fundei, junto com meus grandes amigos de faculdade, a Inside Research, uma plataforma que oferece análises descomplicadas (curtas e em português acessível e descomplicado) e um chat para trocar uma ideia com analistas certificados, o que sem dúvida ajuda a minimizar erros na hora de negociar na bolsa. Além disso, outra boa atitude para evitar que o lado emocional te passe a perna é usar ferramentas que racionalizem o processo decisório, como planilhas e softwares, que são baseadas em fórmulas matemáticas e não variam de acordo com o humor do mercado. A própria Inside tem um sistema on-line simples e intuitivo chamado Carteira Holder,[20] que foi desenvolvido com base na minha planilha de balanceamento (da qual falaremos melhor adiante) e ajuda o investidor a acompanhar a evolução da carteira em tempo real, inclusive com sugestões de quais aquisições de ativos priorizar na hora do aporte.

Outra forma de se proteger de si mesmo e evitar que as emoções tomem conta é parar de se comparar com outros investidores, atitude tomada principalmente por quem é ini-

---

20 Consulte mais informações em: <www.carteiraholder.com.br>.

ciante no mercado financeiro. Imagine que, no fim do ano, o rendimento da sua carteira esteja abaixo do índice Bovespa. Se você cair no erro de se comparar, vai se sentir um merda e tentar alguma "peripécia" para recuperar esse "prejuízo". Aí vai acabar optando por investir em empresas mais arriscadas, ignorando o controle de risco e jogando no lixo o pensamento de longo prazo. Resultado? Ao tentar ganhar tempo para se aproximar da rentabilidade de quem admira, você se lasca bonito e atrasa todo o processo de evolução da sua carteira. O mesmo vale para a situação oposta: quando a rentabilidade for superior à de outros investidores, você vai se achar o fodão sabe-tudo e deixar a humildade de lado — e isso é o suficiente para perder dinheiro na bolsa.

A famosa "dica quente" é outra forma bem comum de perder dinheiro na bolsa. Ela promete rentabilidade de trocentos por cento ao dia e geralmente é trazida com entusiasmo por amigos, colegas de trabalho, parentes ou analistas que não põem a pele em risco, mas quase nunca é real. Sobre isso, só tenho uma coisa a dizer: ganância é atalho, ambição é trabalho. Desvie dessas ofertas que parecem irrecusáveis, mantenha sua mentalidade de dono forte e siga seu planejamento, trabalhando sobre a análise dos indicadores fundamentalistas para melhorar seus rendimentos (já vou te ensinar a fazer isso, aguenta aí!).

Agora, mesmo que você desvie de todas as ameaças que vão tentar te fazer perder o rumo do *Buy and Hold*, você ainda continuará vulnerável à instabilidade do mercado financeiro. Contra isso, o melhor a fazer é manter uma margem de segurança, expressão bastante comum entre os investidores que significa, simplificadamente, a diferença entre o preço pago na hora da compra e o valor real do ativo da empresa. Ou seja, quanto menor for o preço pago em relação ao valor real, mais seguro estará o investimento. O grande problema é que as pessoas têm uma concepção errada sobre isso e ignoram os indicadores fundamentalistas da empresa. Como eu disse, não é o custo de uma ação no dia que determina o valor da empresa, até porque o preço sempre vai oscilar no curto prazo. É a análise dos indicadores que vai certificar para você se determinado ativo é bom ou não.

A boa notícia é que não precisa ser um gênio do *valuation* (ato de avaliar o valor de uma empresa) para comprar ativos abaixo de seu valor justo — e ainda bem, já que os cálculos que definem essa avaliação são tão complexos que apenas investidores mais experientes conseguem fazer (e até mesmo eles podem errar, afinal empresas são organismos vivos que se reinventam a todo momento). Você pode usar a minha técnica, que é mais simples e possivelmente mais efetiva. Vou detalhá-la melhor no capítulo sobre balanceamento, mas, basicamente, se um ativo tiver bons indicadores e fizer sentido na composição da sua carteira, defina uma porcentagem ideal para ele e vá em frente. No futuro, se o comportamento do mercado mostrar que o preço estava errado (ou seja, que caiu com relação ao dia da compra e, portanto, você pagou caro), basta continuar comprando a preços mais baixos. É melhor do que se martirizar com a dor de não ter comprado a empresa porque julgou estar cara e assistir à multiplicação do capital de quem investiu enquanto você esperava a oportunidade perfeita com dinheiro embaixo do colchão. Isso não existe. Investir é um processo, e nem sempre você acertará.

Se você fica bisbilhotando o *home broker* toda hora em vez de tentar entender como a empresa ganha dinheiro e gera valor aos donos (você incluso), assume que o mercado bipolar de curto prazo sabe mais sobre seu próprio investimento do que você — e se isso for verdade, te garanto que vai dar merda. Se você der uma de Zeca Pagodinho e deixar a vida te levar, reagindo com otimismo quando o mercado subir e com pessimismo quando cair, vai acabar perdendo todo o seu dinheiro. É questão de tempo, não tem jeito.

Outra boa estratégia para se proteger da volatilidade do mercado é pensar seu portfólio como um todo, não por empresa. Todos os anos, mesmo que seu rendimento seja muito bom no geral, é certo que pelo menos uma de suas companhias fechará no negativo. Entenda de uma vez por todas: toda boa empresa passa por maus momentos. O mundo está em constante transformação e as empresas inovam seus processos constantemente — se não for assim, elas morrem. E se por ventura a empresa morrer, saiba que sua carteira não pode e não vai junto com ela. Deixe de ser vaidoso, não tente acertar sempre e se proteja mantendo sua carteira diversificada. Afinal, ninguém acerta todas as empresas que vão lucrar nem quais são as melhores teses de investimento, então permita-se errar e deixe que a diversificação equalize a rentabilidade para você. No fim das contas, essa é a beleza dessa bagaça chamada mercado financeiro.

Meus erros, minhas cagadas

Desde que comecei a produzir meus vídeos na internet, sempre tive como missão fazer com que as pessoas aprendessem a investir melhor e não repetissem os mesmos erros que eu. Por isso, selecionei as cinco maiores cagadas que cometi quando não estava com a mentalidade de *holder* bem consolidada na cabeça para que você possa evitá-las. Preste atenção e não seja zé mané, hein!?

- **Não coloque a carroça na frente dos bois** — Por cinco anos, apostei de forma alavancada na bolsa de valores, o que significa que negociei valores bem maiores do que eu tinha na conta. Pra você ter uma ideia, tive contratos em valores de R$ 1,5 milhão mesmo tendo apenas R$ 100 mil em conta. Ou seja, se desse muito errado, eu poderia acabar com uma dívida de até R$ 1,4 milhão. Nessa brincadeira, ganhei e perdi muita grana, mas achei melhor cair fora quando estava perdendo a saúde — imagine a ansiedade que um risco como esse gera. Hoje, vejo que a forma mais saudável de ganhar dinheiro de forma consistente é trabalhando em sua especialidade (tendo um emprego ou trabalho que te remunere) e separando parte do rendimento desse seu esforço para investir em boas empresas.

- **Não confunda investimento com aposta** — Ninguém tem o dom de prever o futuro e a bolsa não é cassino, então investimento não é exercício de futurologia nem aposta. É resultado de muito estudo, trabalho constante, aportes recorrentes, paciência e mentalidade forte. O segredo é ser Warren Buffett, não Walter Mercado.

- **Não pense que você é a última bolacha do pacote** — Esta é uma verdade que precisa ser dita: nada está imune à ação do tempo — nem você, nem seu emprego, sua empresa ou sua profissão. Tudo pode acabar ou se transformar de uma hora para a outra, fazendo com que você perca tudo o que construiu. Contra isso, a atitude mais inteligente é deixar o apego emocional de lado e diversificar as fontes de renda (no próximo capítulo falaremos mais sobre isso). Bill Gates,[21] por exemplo, abriu mão do ego e se desfez de quase toda a participação na Microsoft (ele ainda mantém pouco mais de 1%) para investir, por meio de sua holding Cascade Investments, em dezenas de ativos de vários segmentos, mantendo-se como um dos caras mais ricos do planeta. Por outro lado, só diversificar a renda não te fará rico se os investimentos forem ruins. O Yahoo, por exemplo, era um dos principais sites da internet na virada do século e tinha muito dinheiro para investir em vários ativos com poten-

---

21 Conheça um pouco sobre os investimentos dele em: <www.investopedia. com/articles/personal-finance/111214/where-does-bill-gates-keep-his-money. asp> (texto em inglês).

cial de crescimento (como um novo motor de busca de dois estudantes oferecido por "apenas" US$ 1 milhão), mas preferiu gastar em algumas fontes já consolidadas (como dois serviços populares adquiridos por absurdos US$ 10 bilhões). Resultado? A empresa dos estudantes virou o Google, que acabou tomando o posto de maior buscador do mundo, enquanto as outras empresas já nem existem mais. Moral da história: diversificar é preciso, desde que seja com inteligência e estratégia.

- **Lembre-se de que a empresa é mais do que um código na bolsa** — Esse é um erro muito comum que você deve evitar o quanto antes. Afinal, os códigos que aparecem no seu *home broker* não são só números e letras que você decora para investir; são empresas que empregam pessoas, geram riqueza e são estruturas complexas das quais você também faz parte como investidor. Nunca se esqueça: quando você compra uma ação, passa a ser dono de parte dessa empresa. Com isso em mente, você valorizará cada um dos papéis que tiver em mãos e passará a tratá-los como ativos importantes para a construção da sua fortuna, e é assim que deve ser.

- **Não tente reinventar a roda** — Toda vez que tentei fazer algo mirabolante com a intenção de ganhar mais dinheiro em menos tempo, eu me ferrei.

O mercado financeiro existe há séculos e muita gente já trilhou essa estrada, então por que você acha que o seu método é único e revolucionário? Certamente não é. O melhor jeito de trabalhar é colar a bunda na cadeira, aprender com os experientes e, a partir daí, construir o seu próprio sucesso, sem querer reescrever o manual.

Como você vê, já fiz muita cagada na vida. A cada uma das decisões erradas que tomei, senti na pele os efeitos negativos e perdi parte do dinheiro. Aprendi na prática que as decisões tomadas no presente refletem exponencialmente no futuro — e é por isso que eu bato na tecla de que você precisa estar bem da cachola para investir. Eu, por exemplo, prefiro acompanhar os resultados operacionais e financeiros de cada empresa específica ao noticiário macroeconômico diário, porque sei que notícias de eventualidades, que até podem ser relevantes no curto prazo, como escândalos políticos, vão afetar o meu jeito de pensar e me distanciar dos objetivos de longo prazo. É preciso ter cuidado quando o noticiário mostra a euforia ou a depressão do mercado: são cenários extremos que podem te levar a tomar decisões erradas, gerando prejuízo.

Por isso, como Warren Buffett, prefiro seguir investindo em companhias sólidas ou com potencial de crescimento. São elas que carregam a riqueza do mundo e também estão na linha de frente quando o mundo precisa sair de crises financeiras. Buffett, por exemplo, também perdeu muito dinheiro com empresas que não deram o resultado esperado, mas seguiu sustentando sua tese de longo prazo de forma diversificada e continua colhendo os frutos dessa visão.

É essa forma de pensar que quero deixar para você neste livro. Você não deve tentar replicar a minha carteira, nem a do Warren Buffett ou a de qualquer outro investidor. Investimento é algo totalmente pessoal. O que você deve fazer é aprender com quem pratica, dominar uma tese de investimento na qual acredita e manter-se focado nela, aportando, diversificando e balanceando sempre para que os juros compostos trabalhem por você lá na frente. Depois, meu amigo, é só correr para o abraço!

4
DIVERSIFICAÇÃO

Agora que você já sabe a importância de ter uma mente preparada para investir, é hora de entender um pouco mais sobre a diversificação de carteira, um dos melhores jeitos de minimizar o impacto das variações diárias e imprevisíveis do pregão (por vezes até aleatórias, causadas por notícias falsas e boatos), mantendo a rentabilidade e evitando a tentação de abandonar o barco no meio do caminho. A estratégia consiste, basicamente, em montar um portfólio com várias empresas e fundos diferentes, de setores distintos, todos com bons indicadores e potencial de crescimento. Dessa forma você fica menos exposto nas suas posições individualmente, estanca a sangria quando o mercado cair — o que vai acontecer muitas vezes ao longo da sua trajetória — e consegue se manter no *game*, que é o mais importante no longo prazo. Fora que diversificar também ajuda a minimizar prejuízos em *drawdowns* intensos, aqueles períodos de queda aguda de uma ação na bolsa, em que a cotação fica muito distante da cotação máxima, isto é, o maior preço que uma ação já atingiu historicamente.

Conheço muita gente que fica ansiosa para dar logo uma porrada na bolsa, acertar aquela tacada de mestre e ganhar muito dinheiro, mas o importante mesmo é se manter vivo para seguir investindo e ganhar muito mais no futuro, quando os juros compostos multiplicarem exponencialmente o que você investiu durante anos. A diversificação (inclusive geográfica, dolarizando a carteira) tranquiliza o investidor nesses períodos turbulentos, uma vez que nem todos os setores são tão correlacionados com a evolução dos indicadores de atividade econômica. Ao manter vários ativos em carteira, você não corre o risco de se descabelar quando a coisa azeda e, principalmente, não "entrega a paçoca" e se desfaz deles, que é a pior decisão possível para um *holder*. No fim das contas, um bom investidor é aquele que consegue controlar os riscos envolvidos e permanecer dentro do mercado financeiro, mantendo bons ativos em carteira durante muito tempo e aproveitando boas oportunidades de compra quando elas aparecerem.

No capítulo anterior, falei rapidamente sobre Bill Gates, que não teve apego à sua participação na Microsoft, empresa que ele fundou com o amigo Paul Allen, e partiu para a diversificação no mercado financeiro. Gates investe hoje em vinte ativos de nove setores diferentes, que vão de tecnologia e serviços financeiros até saúde e mercado imobiliário. Além de aumentar a segurança do portfólio, essa variação em diversas classes de ativos ainda tem ajudado a multiplicar seu patrimônio nos últimos anos — sua fortuna pessoal, a segunda maior do mundo, cresceu US$ 12 bilhões no último ano, batendo US$ 118 bilhões em outubro de 2020[22] —, resultado que o ajuda a financiar a Fundação Bill & Melinda Gates, a

---

22 Veja mais detalhes em: <www.forbes.com/profile/bill-gates/?sh=6fed973 d689f> (texto em inglês).

maior instituição filantrópica do mundo e sua principal ocupação atual.

Ou seja, Gates ganhou muito dinheiro empreendendo com a Microsoft, mas entendeu que investir em diferentes fontes não apenas protegeria o patrimônio que ele já havia construído, como também poderia multiplicá-lo exponencialmente ao longo do tempo, exatamente como prega a estratégia *Buy and Hold*. Viva os juros compostos!

Diversificar é para todos

Espero que você já tenha entendido que diversificar ajuda a superar crises e, consequentemente, favorece o investidor no longo prazo. Digo isso com convicção, porque já vi de tudo durante a minha trajetória de mais de dez anos no mercado financeiro, primeiro como *trader* e agora como *holder*: pessoas ganhando e depois perdendo muito dinheiro, deixando de investir após um grande trauma, metendo os pés pelas mãos por ganância e outras tantas situações que dariam um novo livro. Vários gestores experientes entendem que a diversificação é parte importante da estratégia de seus investimentos e apostam nela para se manter rentáveis no longo prazo, como é o caso dos profissionais da Berkshire Hathaway, que conta com um portfólio de ações com mais de quarenta empresas.

Talvez você ainda acredite que é preciso ter bastante grana investida para começar a diversificar os ativos, o que definitivamente não é verdade. Investidores iniciantes são os que mais precisam diversificar, pois não estão acostumados com as oscilações naturais do mercado e podem se assustar com quedas superiores a 5% de um único ativo durante o pregão, algo bastante comum.

A diversificação é indicada até se você for meio preguiçoso e não tiver nenhum interesse em aprender sobre o mercado financeiro. Não creio que esse seja o seu caso (afinal, você está com um livro sobre investimento em mãos), mas caso você não tenha tanta pretensão ou paciência de ir além e estudar cada ativo ou setor em detalhes, fazer algum curso específico ou assistir a centenas de vídeos sobre o assunto, pode diversificar investindo em fundos baseados em índices (ETFS) como o IVVB11, que tem gestão passiva e acompanha a rentabilidade do índice americano composto pelas quinhentas maiores empresas norte-americanas.

Resumindo: não seja aquele tonto que se acha fodão nem aquele pessimista que acha que nunca é o momento certo e diversifique sua carteira desde o início, de forma racional e sem ansiedade. Até porque, se você não trabalha diretamente com o mercado financeiro, não terá tempo para se dedicar às análises como um profissional, então ampliar o leque de ativos te ajuda a não se preocupar tanto com as oscilações negativas individuais — o que é ótimo se pensarmos que a perda após uma oscilação negativa só é consumada se o investidor vende a um preço inferior àquele pelo qual comprou. Ou seja: sem preocupação, você não vende as ações por simples desespero. E, se não vende, não perde.

Agora, uma coisa é não se dedicar às análises como um profissional, outra bem diferente é nem abrir os jornais ou sites que se dedicam à cobertura político-econômica. Ser um bom observador da vida real e compreender a influência dos acontecimentos nos investimentos é essencial — aliás, é uma das qualidades que os investidores mais bem-sucedidos têm em comum. Antes de definir em quais empresas você pretende investir, avalie os setores que estão em melhor fase na economia e pondere quais deles têm mais chance de se dar bem no futuro, especialmente com relação às mudanças que eles enxergam no mundo. Lembre-se: o mercado financeiro não é um universo à parte; ele reage aos acontecimentos (para o bem e para o mal), por isso é estratégico estar atento aos movimentos da sociedade.

Contudo, não caia no erro de ficar muito em cima de cada empresa em que você está investindo para tentar encontrar indícios que apontem uma possível tendência de valorização ou de queda. Isso gera ansiedade e aumenta as chances de fazer cagada. Vejo muito investidor perdendo tempo tentando ser "auditor" dos ativos que comprou. Quem deve estar atento à saúde da empresa são o funcionário e o dono, que estão diretamente envolvidos no negócio e podem perder tudo caso a empresa precise demitir ou declare falência. Já o investidor aporta em uma gama de empresas, então ele vai perder uma fração da carteira, e não o todo, caso algo dê errado em uma ou outra empresa. É óbvio que ninguém gosta de perder dinheiro ou ver seus investimentos em baixa, mas ganhar e perder é do jogo e você precisa se acostumar. Se você fez a lição de casa, estudou bem os indicadores fundamentalistas antes de investir, acompanha os resultados periódicos das empresas e balanceia sua carteira periodicamente, pode dormir tranquilo, que seus investimentos de longo prazo estão no caminho certo.

Quanto a mim, costumo decidir os ativos que vou comprar para diversificar fazendo uma análise *top-down*, de cima para baixo, em bom português. Primeiro, olho o cenário macroeconômico, avalio se é melhor investir dentro ou fora do país e vejo em quais moedas as empresas que estou avaliando comprar estão expostas. WEG, Embraer e Klabin, por exemplo, são três empresas que costumam exportar muito, ou seja, faturam em moeda forte (dólar), vista como "porto seguro" em momentos de crise, o que é animador para quem investe. Depois de escolhidos os países e as moedas, busco os melhores setores daquele recorte e empresas com potencial de crescimento. Em seguida, analiso os indicadores fundamentalistas de cada companhia, selecionando as mais sólidas e promissoras entre os setores destacados. Só depois é que efetuo a compra. Se a ideia é manter bons ativos em carteira por um longo período, quanto menos eu errar agora, mais tendo a ganhar lá na frente.

Cuidado com os excessos!

"Pit, será que eu não diversifiquei demais e acabei pulverizando a minha carteira? Será que não tenho muitos ativos?" Sério, não sei nem dizer quantas vezes eu já ouvi questões como essa de investidores inseguros com relação a esse limite tênue entre diversificação e pulverização. No mercado financeiro, pulverizar significa comprar muitos ativos, a ponto de perder o controle sobre eles. Na prática, é quando você tem medo dos ativos que já tem em carteira e decide comprar qualquer coisa só para diminuir a porcentagem deles no todo. Assim, seus ganhos se diluem e os investimentos patinam em rentabilidade, pois você terá pouco dinheiro investido em cada um dos ativos de forma aleatória, o que é péssimo para quem pretende aumentar os ganhos ao longo do tempo.

O problema é que não existe um número ideal de empresas e setores que você deve ter em carteira para ser considerado um investidor diversificado, até porque não é a quantidade de ativos que faz a diferença, e sim qual a finalidade deles na sua carteira e como eles "conversam entre si" para que você consiga boa rentabilidade sem correr riscos desnecessários. Tenho algumas "regras de bolso" que uso e recomendo para quem quer diminuir as chances de errar a mão.

Em primeiro lugar, mantenha em carteira pelo menos 15 ativos de setores perenes e com potencial de crescimento, que tenham boa performance mesmo durante as crises. Um exemplo: em períodos difíceis, ninguém deixa de usar energia elétrica, nem beber água ou dar descarga (espero!), o que faz com que os setores elétricos e de saneamento básico sejam departamentos mais sólidos e permanentes, ou seja, bons investimentos. Além disso, tome cuidado para não comprar mais do que você consegue acompanhar — ainda que subjetiva, essa é a métrica que eu considero para avaliar se meus investimentos estão equilibrados. Se você já tem várias companhias e não consegue explicar por que continua adicionando novos ativos, é provável que já esteja pulverizando.

Em segundo lugar, evite concentrações superiores a 20% em um mesmo setor. Assim como não é saudável manter todo o seu dinheiro em poucas empresas, também não é legal agrupá-lo em apenas alguns setores econômicos. Isso porque investir em poucos setores aumenta as chances de perder muito dinheiro caso algum deles entre em colapso ou deixe de existir no futuro. Lembre-se: o mundo é muito dinâmico e nada está completamente a salvo, nem mesmo companhias e categorias que hoje são consideradas estáveis e lucrativas. É melhor prevenir do que remediar.

Em terceiro lugar, faça com que ativos geradores de renda, como os fundos imobiliários, ocupem um percentual cada vez maior na sua carteira ao longo do tempo. Isso porque quanto mais idade você tiver, menos poderá "pagar para ver" se as empresas corresponderão às expectativas de crescimento e te devolverão gordos dividendos. Com menos tempo de vida até sua liberdade financeira, o mais importante é ter ativos que gerem renda imediata e ajudem a compor a aposentadoria.

Os fundos imobiliários (FII) são produtos interessantes nesse sentido, porque costumam ser menos voláteis do que as ações e rendem dividendos que podem ser usados ou reinvestidos. Só não caia na tentação de encher sua carteira deles sob a justificativa de deixá-la menos exposta às variações do pregão, porque isso não funciona, o risco ainda existe.

Fazer aportes recorrentes é outra forma de dinamizar a carteira, tornando-a equilibrada e eficiente. Para isso, o ideal é realocar os dividendos recebidos assim que eles forem pagos. Vai por mim: reinvestir esses resultados assim que eles são debitados na corretora te ajuda a evitar gastos por impulso em consumo desnecessário e ainda te deixa mais perto de alcançar a liberdade financeira. Outra estratégia certeira é acompanhar, de forma ampla, o peso percentual que cada classe, ativo, setor ou produto ocupa na carteira, detectando e corrigindo possíveis concentrações excessivas e fazendo o balanceamento a cada aporte. Tem gente que morre de medo de pulverizar a carteira, mas faz pior ao diversificar pouco. Então, se você não quiser perder dinheiro e quiser seguir investindo com consistência e inteligência, deixe a preguiça de lado, crie sua planilha de controle de investimentos e faça os ajustes necessários para manter sua carteira sempre diversificada. É o que realmente funciona e é o que vou te ensinar a fazer no próximo capítulo.

5
BALANCEAMENTO

Uma cena comum no mercado financeiro: muito investidor iniciante, ansioso por resultados, abre o *home broker* da corretora e se assusta com as variações de preço aparentemente fora dos padrões, sem imaginar que isso faz parte da rotina do mercado financeiro. Nessa hora, em um impulso provocado por insegurança e medo, acaba tirando antes da hora a grana investida, vendendo ativos para embolsar algum lucro de curto prazo aparentemente vantajoso ou para evitar perdas que, na sua cabeça de vento, podem levá-lo à falência.

Espero que, a esta altura do livro, você já tenha entendido que essa é a pior decisão que um investidor pode tomar. No desespero e na ganância, ele acaba interrompendo o efeito dos juros compostos na construção do seu patrimônio no longo prazo para ter retorno financeiro ou "estancar a sangria" no curto prazo. É uma atitude imatura principalmente porque os fundamentos da empresa variam sempre com menos frequência que os preços no pregão, de modo que, no curto prazo, oscilações no pregão não representam o valor real da empresa.

Uma ótima forma de evitar a tentação de reduzir seus investimentos em boas empresas por conta da aleatoriedade do pregão é utilizar uma ferramenta de controle de risco. Eu mesmo uso, há alguns anos, um modelo de planilha que desenvolvi para acompanhar a diversificação e, principalmente, fazer o balanceamento entre os ativos e os setores, equilibrando o peso de cada um dentro do portfólio para minimizar os riscos e aumentar a rentabilidade.

A jornada até o sucesso financeiro exige a execução de algumas operações para manter o plano de voo e seguir no *game*. Não dá para levar 100% no piloto automático. Por isso, manter a cabeça fria e balancear regularmente a carteira são posturas fundamentais para evitar exposições desnecessárias, que geram turbulência e podem encurtar sua jornada no mercado financeiro. Emoção e dinheiro não combinam e costumam gerar bastante prejuízo quando se juntam.

Equilíbrio é tudo

Sempre me incomodou saber que muitas pessoas viam o dinheiro conquistado a partir de tanto trabalho virar pó na bolsa de valores simplesmente por não entenderem a dinâmica da bagaça. Essa dificuldade dos investidores, especialmente os iniciantes, foi o que me motivou a, junto com meus irmãos da Inside, patrocinar o projeto Carteira Holder, do qual falei brevemente no terceiro capítulo. Trata-se de uma ferramenta de gerenciamento de portfólio prática e automática que eu, a Inside e um geniozinho de TI desenvolvemos com base na minha antiga planilha de balanceamento, que já foi baixada mais de 100 mil vezes e é uma mão na roda pra quem quer começar a investir. Com a ferramenta, o investidor consegue racionalizar o processo de escolha de ativos na hora de montar a carteira de investimento e se sente mais seguro para fazer as melhores escolhas em cada aporte, minimizando as chances de meter os pés pelas mãos.

O mais interessante do Carteira Holder é que ele ressignifica os movimentos do mercado, indicando que o ativo com preço em queda pode estar mais atrativo, e não necessariamente pior. Isso ajuda a enxergar a variação negativa como uma oportunidade de adquirir mais ações de determinada empresa. Se você não dispõe de um instrumento como esse, seu subconsciente vai entender a queda como algo ruim (e te induzir a vender) e a alta como algo bom (e te provocar a comprar), o que nem sempre é o melhor a se fazer naquele momento.

É nos momentos de variação sem-noção-curto-prazista que o investidor consegue, de fato, aproveitar as oportunidades do mercado. Quando uma ação cai, você tem a chance de "comprar barato" e aumentar o volume em carteira, preparando o terreno para ganhar mais no futuro, quando o valor voltar a subir — já que, se a companhia tem bons fundamentos, no longo prazo a ação tenderá a isso. Quando a ação sobe, ela só está cumprindo seu papel, e o mais sensato é evitar a tentação de vendê-la. É provável que o preço esteja subindo justamente por ela ser uma baita companhia, que só agora foi percebida por outros investidores. Você, mais esperto e atento, comprou antes e vai ganhar mais lá na frente.

Essa forma de enxergar a variação de curto prazo com olhos de *holder* pode ser resumida com uma frase clássica do mestre Warren Buffett: "É muito melhor comprar uma empresa admirável a um preço razoável do que uma empresa razoável a um preço admirável".[23]

A minha recomendação é balancear a carteira sempre quando fizer novos aportes — o que seria legal acontecer pelo menos uma vez por mês. Quando a grana pingar, você abre o Carteira Holder, que indicará quais empresas estão mais distantes da porcentagem definida como ideal na montagem da carteira ou que tiveram variação desde o último balanceamento. Com base nisso, você saberá em quais deve aportar. Explico melhor: imagine que você definiu o percentual fixo de 5% para determinada companhia — isto é: você quer que 5% do montante investido esteja em determinada empresa; já, já explico como se faz isso no Carteira Holder. Aí, na dinâmica do seu portfólio, essa meta ideal descolou da grana real e caiu para 3% de um mês para o outro, sofrendo mais do que o resto por conta da oscilação natural da bolsa. Nesse caso hipotético, a venda do ativo não se justifica, pois o fundamento da empresa permanece o mesmo, então o ideal é aportar até que o percentual volte a ficar perto ou igual a 5%.

Sim, você não entendeu errado: quando um ativo ficar abaixo do ideal, quando o mercado estiver dizendo que, hoje, ele é ruim (mas você, que estudou os indicadores fundamen-

---

23 Frase escrita por Warren Buffett na edição de 1989 de sua tradicional carta aos acionistas da Berkshire Hathaway: <www.berkshirehathaway.com/letters/1989.html> (texto em inglês).

talistas da empresa, sabe que não é bem assim), o melhor a fazer é colocar ainda mais dinheiro nele, para que ele volte ao patamar percentual definido inicialmente. Se os indicadores permanecem bons, por que você deixaria de investir nessa empresa? Você vai contra a manada desesperada para aproveitar o preço atrativo daquele ativo e extrair valor da bagunça do mercado, "economizando" na compra de boas empresas e provavelmente valorizando sua carteira. No entanto, conforme seu patrimônio for crescendo, você vai ver que cada aporte individual não fará tanta diferença no todo, já que o valor aportado será proporcionalmente muito menor do que o montante já investido.

Nesse caso, uma boa estratégia de balanceamento é vender parte de algumas empresas que descolaram para cima na sua carteira (valorizaram e levaram sua porcentagem acima do seu controle de risco) para reinvestir em empresas que estão abaixo da porcentagem ideal. Eu mesmo vivi essa situação recentemente, quando a multinacional brasileira WEG, uma das maiores concentrações da minha carteira (10%, segundo a minha estratégia), subiu para muito acima da média e ultrapassou os 15%. Diante desse furo no meu controle de risco, vendi o excedente de WEG para voltar à concentração de 10% e ainda usei a grana para comprar ações de empresas que estavam para trás na composição ideal da carteira, balanceando-a novamente.

Não estou exagerando quando digo que usar uma ferramenta para observar o todo e tomar decisões baseadas em números tem sido fundamental no meu plano de investimentos — e tenho certeza de que será para você também. O mercado financeiro costuma ser uma zona aleatória no curto prazo, mas o investidor de longo prazo, com astúcia e mentalidade forte, consegue identificar e explorar com maestria essas distorções entre preço e valor, potencializando a rentabilidade da longa jornada rumo ao sucesso financeiro.

Sistema de notas para linearizar ativos

Essas manobras todas de que acabei de explicar são possíveis apenas porque o Carteira Holder sempre arredonda para 100% a porcentagem de tudo o que você tem, de forma automática. Isso permite que você chegue ao percentual ideal e real que cada ativo precisa ter na carteira sem fazer inúmeras contas, principalmente se você já tem muitos ativos. Em uma olhada rápida, é possível avaliar, por exemplo, se você está com dinheiro demais em um ativo e de menos em outro, com base em predefinições que você mesmo vai estabelecer.

Para estabelecer essas predefinições, a fim de que o sistema de balanceamento aponte quais empresas devem ser priorizadas na hora da compra, é preciso definir alguns critérios. O mais importante é, sem dúvida, decidir qual nota será dada a cada empresa ou fundo de investimento. É esse *score* que ajusta automaticamente o percentual ideal de cada um em carteira sempre que houver aporte, oferecendo uma base comparativa entre todos os ativos, tanto os que já estão nela quanto os que serão adicionados.

Assim, o sistema calcula automaticamente um *gap* entre ideal e real, que permite obter uma performance acima da média sem ter que fazer nenhuma peripécia genial. Quando o sistema alinha essa variável e sugere, sem juízo de valor adicional, quais ativos você deve comprar naquele momento, ela está tomando a melhor decisão por você. De forma totalmente racional, baseada nos números, e não em achismos. Isso leva em conta que uma coisa é quando o investidor diversifica pouco (o que não é recomendável, vale lembrar) e consegue descobrir com facilidade o percentual ideal de cada empresa. Outra coisa é quando acumula muitos ativos e precisa fazer um estica-e-puxa matemático para que a soma do portfólio alcance 100%. Com as notas, o sistema de balanceamento faz o cálculo automático, e o investidor fica mais tranquilo e seguro para aportar corretamente.

Um exemplo hipotético: digamos que você tenha decidido investir apenas em Itaú e Bradesco. Caso você tenha preferência igual entre os dois bancos, é fácil concluir que cada um ocupará 50% da sua carteira. O problema começa quando você resolve acrescentar no portfólio o Banco do Brasil, mas o considera pior do que seus pares privados, porque pode ter interferência do poder público, por exemplo. Nesse caso, a divisão dos ativos na carteira não será 33% para cada, porque os fundamentos do BB não têm a mesma qualidade dos concorrentes. É aí que a conta começa a ficar complexa, o que aumenta consideravelmente as chances de erro e pode gerar prejuízo.

Quando desenvolvi a planilha de balanceamento, me lembrei do que aprendi sobre linearização (ponderação dinâmica) com meu pai e decidi que incluir um sistema de notas seria a melhor forma de definir importâncias relativas a cada componente, fazendo com que a porcentagem sempre alcançasse 100% no final. Dessa forma, a porcentagem de cada ativo na carteira é calculada automaticamente de acordo com a nota que atribuí a ele (a conta, caso interesse saber, envolve dividir a nota pela soma das notas de todos os ativos e, em seguida, multiplicar esse número por cem). Quanto maior a nota, maior a participação do ativo na carteira. Veja o exemplo a seguir:

NOTA DE BALANCEAMENTO DOS ATIVOS NA CARTEIRA

Empresa	Nota	Porcentagem ideal
A	10 ⟶	29,4%
B	10 ⟶	29,4%
C	8 ⟶	23,5%
D	6 ⟶	17,6%
Soma	34 ⟶	100%

Empresa A:
10 (nota) / 34 (soma de todas as notas) = 0,294 x 100 = **29,4%**
Empresa B:
10 (nota) / 34 (soma de todas as notas) = 0,294 x 100 = **29,4%**
Empresa C:
8 (nota) / 34 (soma de todas as notas) = 0,235 x 100 = **23,5%**
Empresa D:
6 (nota) / 34 (soma de todas as notas) = 0,176 x 100 = **17,6%**

Soma percentual: 29,4% + 29,4% + 23,5% + 17,6% ~ **100%**

Aqui vale deixar claro que o sistema de balanceamento é uma ferramenta para te ajudar a tomar decisões de forma mais racional, não para engessá-lo. Cada investidor tem liberdade para personalizar as notas à sua maneira caso julgue conveniente. Eu mesmo usava uma escala de 0 a 10 e subi o limite superior para 100 quando aumentei o portfólio, na tentativa de aproximar a porcentagem de cada ativo daquilo que eu havia definido como ideal para a minha tese de investimento.

Essa mudança no critério é necessária porque os ativos preexistentes acabam sendo diluídos conforme a carteira aumenta. Como a soma do seu capital sempre será 100%, a proporção de cada empresa em carteira diminuirá a cada inclusão de novo ativo.

Ficou complicado? Explico melhor: vamos supor que eu queira que determinado ativo, de nota 100, represente 15% da minha carteira. Aí, eu decido fazer um aporte em um ativo novo, que me parece bem interessante, mas, ao fazê-lo, vejo que, agora, aquele ativo nota 100 representa apenas 14%. Como fazer com que ele volte a 15%? Simples: aumentando a nota dele. E pra quanto? Isso é a Carteira Holder quem vai me dizer, a partir de simulações: posso começar em 120, ajustar para 110 — caso ultrapasse os 15% — e ir mexendo nos números até chegar aos 15% (o número vai depender das notas de todos os ativos da carteira).

Agora vamos supor que a pontuação que me permitiu voltar aos 15% tenha sido 115. Desse modo, para chegar ao meu balanceamento ideal, eu acabei atribuindo ao meu ativo uma nota superior ao limite da minha escala, que era 100.

Isso, no entanto, não interfere em nada na confiabilidade do meu balanceamento. O limite da minha escala pode ser 100 hoje e 115 amanhã, e está tudo bem! Inclusive, algo que eu gosto muito de fazer, e acho importantíssimo, é ficar simulando notas diferentes para um mesmo ativo e observando, em tempo real, qual porcentagem ele ocuparia na carteira com determinada nota. Enquanto eu não estiver satisfeito com o que considero ideal, seguirei ajustando o plano — aumentando o valor de um ativo aqui e diminuindo o de outro ali.

É por isso que a Carteira Holder gera automaticamente esses gráficos, para você focar na *bigger picture* de forma totalmente visual e não em cada ativo específico. Isso ajuda a analisar os investimentos de forma global e te deixa mais confortável com as decisões tomadas — até porque investidor desconfortável, vai por mim, só faz merda.

As notas, aliás, devem ser escolhidas a partir da análise da performance da empresa em indicadores fundamentalistas estratégicos, não de forma aleatória, e o investidor é totalmente livre para decidir quais são os requisitos que julga relevantes na hora de avaliar uma empresa. Óbvio que, na Inside Research, assim como em empresas de assessoria de investimento, o time de análise ajuda a investir melhor por meio das recomendações que fornece, mas, no fim das contas, já disse e repito: cada investidor tem uma cabeça, e cada cabeça, uma sentença. O mais importante, portanto, é definir os critérios de avaliação de forma consciente e sustentá-los em todas as suas análises de indicadores, mantendo o foco na tese de longo prazo que você definiu. Quem aperta o botão do *home broker* é você, e a responsabilidade por essa decisão também é sua.

No próximo capítulo falaremos mais profundamente sobre indicadores, mas, para matar a curiosidade, já antecipo quais indicadores mais uso para definir as notas das empresas em carteira. São basicamente seis:

- **margem líquida** (porcentagem de lucro líquido obtido pela empresa em relação à receita total) como indicador de lucratividade;

- ROE ou ***return on equity*** ("retorno sobre patrimônio líquido", em português) para definir uma estimativa (*proxy*) da rentabilidade da companhia;

- **dívida líquida sobre** EBITDA (sigla que significa "lucro antes de juros, impostos depreciação e amortização" em português) para avaliar a saúde financeira sob a ótica do endividamento;

- ***dividend yield*** para analisar o rendimento dos dividendos nos últimos doze meses;

- CAGR ou ***compound annual growth rate*** ("taxa de crescimento anual composta", em português) da receita dos últimos cinco anos para avaliar o crescimento.

Vale reforçar que, por este ser um sistema adaptável e não uma tabela fixa e imutável, você deve estabelecer sua própria seleção de indicadores fundamentalistas, sejam eles os mesmos da minha lista de favoritos ou não. Investir é algo muito pessoal e não tem fórmula pronta, portanto fique à vontade para adaptar o sistema conforme as suas convicções — de todo modo, eu não sou o dono da verdade e será o seu dinheiro investido na bolsa, não é mesmo?

É importante destacar também que essas notas servem apenas como um pontapé inicial para você estudar mais a fundo as empresas que compõem o seu portfólio. Até porque todos os indicadores refletem a performance da empresa no passado, não como ela se comportará no futuro. É claro que uma companhia altamente lucrativa e com décadas de existência tende a ter maior chance de se manter positiva no horizonte do tempo do que outra em fase pré-operacional e altamente alavancada, mas o fato é que não dá para prever o futuro. E é por saber que não sabemos tudo que diversificamos.

A dinâmica empresarial e setorial tende a mudar com o tempo, mas não costuma ser do dia para a noite. Normalmente leva anos, e durante essa deterioração o investidor consegue enxergar esse movimento nos indicadores, podendo assim alterar a nota da empresa para reduzir sua exposição. Quanto mais positivos os indicadores de uma companhia, mais resiliência ela demonstrou ter ao longo do tempo e, portanto, menor o risco do investimento.

Lembre-se: no fim das contas, a nota dada para a empresa sempre deve ser inversamente proporcional ao risco que ela oferece. É dessa forma que o investidor conseguirá se manter vivo no *game* por muito tempo, o que, como já citei anteriormente, é o principal objetivo de todo investidor. É assim que o mercado separa os *marmanjo* dos *muleque*.

6 INDICADORES

ronto, chegou a hora! Agora você enfim vai aprender tudo o que precisa saber sobre indicadores fundamentalistas para começar a investir com inteligência!

A esta altura, você já deve estar cansado de me ver falar na importância deles, e também que deixar a emoção de lado ajuda bastante a evitar cagadas no mercado financeiro. E eu não repetiria tantas vezes a recomendação de racionalizar ao máximo o ato de investir se isso não fosse verdade. Condicionar suas decisões de compra e venda de ativos aos dados concretos divulgados pelas empresas em seus relatórios e balanços periódicos é a melhor forma de diminuir o peso da subjetividade nas escolhas e, consequentemente, mitigar os riscos envolvidos no negócio. Para isso, é importante analisar alguns bons indicadores em plataformas que acompanham o mercado financeiro em tempo real (curto bastante o TradeMap, mas existem outras), nas quais você consegue comparar empresas do mesmo setor e filtrar as melhores para investir sem ficar maluco tentando avaliar os relatórios de cada uma das mais de 350 empresas listadas na B3.

Os indicadores fundamentalistas são o primeiro passo para você descobrir se uma empresa é sólida e tem potencial de crescimento (o segundo é se especializar na coisa e estudá-la a fundo, ou então contar com o serviço de um analista especializado). Quando bem usados, certamente serão ferramentas muito valiosas para o sucesso de sua jornada como investidor.

Para mim, a principal vantagem deles é a possibilidade de comparar companhias de diferentes portes — tendo em vista que ser menor não significa necessariamente ser pior, e vice-versa. É a partir da análise dos indicadores que você sabe qual corporação dentro de um mesmo segmento se encaixa melhor na sua tese de investimentos. Isso te permite colocar lado a lado dois bancos muito diferentes — o tradicional Itaú e o novato Inter, por exemplo — e analisar qual deles é mais adequado à sua estratégia. Além disso, o uso de indicadores também otimiza o seu tempo, já que você pode focar em revisitar a análise somente das empresas que surpreenderam negativamente, deixando as que tiveram resultados positivos intactas, apenas trabalhando a seu favor. Em outras palavras: você não precisa perder tanto tempo revisando vários números de todas as suas empresas em carteira; pode focar apenas nas que precisam de atenção porque tiveram um resultado ruim e usar o tempo restante para viver a vida e estar junto de quem é importante para você.

Outro ponto relevante é que, ao usar indicadores, você consegue ter uma ideia da trajetória mais completa das empresas. As que costumam registrar bons resultados ao longo do tempo raramente se deterioram com rapidez, portanto são mais confiáveis do que aquelas que vêm fazendo cagada há algum tempo. Essa análise também ajuda o investidor a melhorar o *stock picking* (seleção de ações para montar a carteira de investimentos) dentro de um setor, já que é possível usar indicadores para comparar as principais empresas de uma mesma área e definir quais delas vão compor a sua carteira. Nesse caso, como eu já disse, você só precisa cuidar para não comparar empresas de ramos diferentes, senão vai dar ruim. Empresas de tecnologia têm operação diferente em relação aos bancos, assim como as companhias de máquinas e equipamentos têm características bem diferentes das elétricas. Aqui, é cada um no seu quadrado.

De onde vêm os indicadores?

Para calcular os indicadores de uma empresa, usamos uma série de dados disponibilizados periodicamente por ninguém mais, ninguém menos que a própria empresa. Em breve tratarei especificamente dos cálculos. Antes disso, vale explorar um pouco mais essa "série de dados".

É bem provável que em toda a sua trajetória como investidor você não precise encontrar, baixar e extrair as informações dos relatórios publicados por cada empresa em que investe para calcular o indicador fundamentalista que deseja analisar, já que existem inúmeras plataformas, como o TradeMap e a Inside, que fazem muito bem esse serviço. Mesmo assim, acho importante aprender como funcionam esses documentos de prestação de contas das companhias para sofrer menos caso um dia você precise recorrer diretamente à fonte para encontrar alguma resposta.

Os principais relatórios consolidados que você precisa conhecer são o DFP (demonstrações financeiras padronizadas) e o ITR (informações trimestrais de resultados), que todas as empresas que negociam suas ações na bolsa de valores são obrigadas a publicar a cada trimestre. Por serem documentos públicos, eles estão disponíveis para download no próprio site de Relação com Investidores das empresas, basta dar um Google e baixar o PDF do relatório.

Ao abrir o arquivo, não se assuste — ele é grande mesmo. À primeira vista, você vai pensar que é loucura conferir todas as centenas de páginas daquele calhamaço de números e textos, mas a coisa é bem mais simples e direta do que parece. Se você não é analista mobiliário, não precisará fazer isso todos os dias nem com todas as empresas que tem no portfólio, apenas com aquelas que te surpreenderem negativamente no período mais recente, lembra? Mesmo assim, vou te explicar a seguir, de forma bem didática, quais pontos desse documento contábil você precisa observar mais atentamente e o que significa cada um dos itens. Vamos começar pelo DFP. Segue o jogo!

Índice

1. Dados da Empresa

1. Composição do Capital	1

2. Dfs Individuais

1. Balanço Patrimonial Ativo	2
2. Balanço Patrimonial Passivo	4

3. Demonstração do Resultado	7
4. Demonstração do Resultado Abrangente	8
5. Demonstração do Fluxo de Caixa	9
6. Demonstração Das Mutações do Patrimônio Líquido	
Dmpl - 01/01/2019 a 31/12/2019	12
Dmpl - 01/01/2018 a 31/12/2018	13
7. Demonstração de Valor Adicionado	14
3. Dfs Consolidadas	
1. Balanço Patrimonial Ativo	16
2. Balanço Patrimonial Passivo	18
3. Demonstração do Resultado	21
4. Demonstração do Resultado Abrangente	22
5. Demonstração do Fluxo de Caixa	23
6. Demonstração das Mutações do Patrimônio Líquido	
Acumulado do Atual Exercício - 01/01/2019 a 31/12/2019	25
Acumulado do Atual Exercício - 01/01/2018 a 31/12/2018	26
7. Demonstração de Valor Adicionado	27
Relatório da Administração/Comentário do Desempenho	29
Notas Explicativas	78
Proposta de Orçamento de Capital	188
Pareceres E Declarações	
Relatório do Auditor Independente - Sem Ressalva	189
Parecer do Conselho Fiscal ou Órgão Equivalente	194
Relatório Resumido do Comitê de Auditoria (estatutário, Previsto em Regulamentação Específica da vm)	195
Parecer ou Relatório Resumido, se houver, do Comitê de Auditoria (estatutário ou não)	197
Declaração Dos Diretores Sobre as Demonstrações Financeiras	198
Declaração Dos Diretores Sobre O Relatório do Auditor Independente	199

Prazer, Demonstrações Financeiras Padronizadas

De cara, nas primeiras páginas do documento você vê um índice com todas as divisões e subdivisões: dados da empresa; demonstrações financeiras individuais; demonstrações financeiras consolidadas; pareceres e declarações. Disso tudo, os dois primeiros itens são os mais importantes, e é sobre eles que vamos nos debruçar.

Dados da Empresa / 5. Composição do Capital

Número de Ações (Unidades)	Último Exercício Social 31/12/2019
Do Capital Integralizado	
Ordinárias	1.361.263.584
Preferenciais	0
Total	1.361.263.584
Em Tesouraria	
Ordinárias	12.042.004
Preferenciais	0
Total	12.042.004

*Aqui estão todos os números
consolidados do capital da empresa*

Nos dados da empresa, você encontra o número total de ações (em unidades) que compuseram a companhia durante o último exercício social, ou seja, o número de fatias em que ela é fracionada. É multiplicando esse número de ações pela cotação atual que se chega ao *market cap* ou valor de mercado de uma companhia, número que define se ela é uma *small cap* (pequenas empresas em crescimento, que valem até U$ 2 bilhões), *mid cap* (firmas de médio porte, que valem entre U$ 2 bilhões e U$ 10 bilhões em capitalização), *large cap* ou *blue chip* (grandes companhias, com valor acima de U$ 10 bilhões). O nome *blue chip* tem origem no pôquer,[24] jogo em que as fichas azuis são as mais valiosas.

---

24 Saiba mais sobre o tema em: <www.investopedia.com/terms/b/bluechip. asp> (texto em inglês).

Dfs Individuais / Balanço Patrimonial Ativo

(Reais Mil)

Código da Conta	Descrição da Conta	Último Exercício 31/12/2019	Penúltimo Exercício 31/12/2018	Ante-penúltimo Exercício 31/12/2017
1	Ativo Total	101.964.405	53.759.134	0
1.01	Ativo Circulante	16.385.321	29.842.197	0
1.01.01	Caixa e Equivalentes de Caixa	824.538	3.253.666	0
1.01.02	Aplicações Financeiras	5.941.348	20.996.555	0
1.01.03	Contas a Receber	5.923.811	3.470.873	0
1.01.04	Estoques	2.224.450	1.260.459	0
1.01.06	Tributos a Recuperar	791.132	253.248	0
1.01.06.01	Tributos Correntes a Recuperar	791.132	253.248	0
1.01.06.01.01	Imposto de renda e contribuição social a recuperar	399.738	85.529	0
1.01.06.01.02	Demais impostos a recuperar	391.394	167.719	0
1.01.08	Outros Ativos Circulantes	680.042	607.396	0
1.01.08.03	Outros	680.042	607.396	0
1.01.08.03.01	Ganhos em operações com derivativos	260.273	352.454	0
1.01.08.03.02	Outros créditos	290.520	154.422	0
1.01.08.03.03	Dividendos a receber	2.854	0	0
1.01.08.03.05	Adiantamento a fornecedores	114.262	92.620	0
1.01.08.03.06	Crédito com controladas	12.133	2.182	0
1.01.08.03.08	Ativos mantidos para venda	0	5.718	0
1.02	Ativo Não Circulante	85.579.084	23.916.937	0
1.02.01	Ativo Realizável a Longo Prazo	15.496.186	5.907.054	0
1.02.01.01	Aplicações Financeiras Avaliadas a Valor Justo através do Resultado	179.703	0	0
1.02.01.06	Ativos Biológicos	10.326.622	5.111.160	0
1.02.01.07	Tributos Diferidos	2.046.675	0	0
1.02.01.07.01	Imposto de Renda e Contribuição Social Diferidos	2.046.675	0	0
1.02.01.10	Outros Ativos Não Circulantes	2.943.186	795.894	0
1.02.01.10.03	Ganhos em operação com derivativos	838.699	141.238	0
1.02.01.10.04	Demais impostos a recuperar	669.919	231.182	0

Visão das DF's individuais

(atente-se aos números mais à esquerda para não se perder)

Também é importante entender como estão organizados os números ao longo do relatório, para não errar na hora de fazer o cálculo. A partir das demonstrações financeiras individuais, os números que aparecem à esquerda da página funcionam como uma espécie de segundo índice, um "guarda-chuva" que agrupa várias informações. No relatório analisado, por exemplo, o primeiro código de conta (ativo total) se desmembra em 1.01 (ativo circulante), que, por sua vez, se divide em 1.01.01 (caixa e equivalentes de caixa) e assim por diante. Isso acontece em praticamente todos os itens, e é importante ficar ligado para entender quando uma informação diz respeito à anterior ou não, já que alguns desses dados são usados para calcular indicadores fundamentalistas.

Outro detalhe é que os três primeiros relatórios do ano costumam comparar os dados atuais do trimestre com os referentes ao mesmo período do ano anterior (primeiro trimestre de 2019 versus primeiro trimestre de 2018, por exemplo). Só no último relatório do ano é que a comparação costuma ser entre os períodos completos (2019 versus 2018). Por isso, esse documento do fim do ano acaba sendo o mais relevante para o investidor de longo prazo, já que o recorte de tempo é maior e permite fazer análises mais amplas.

Além disso, outra coisa que precisa ficar clara ao ler o relatório é que, por padrão internacional, o resultado numérico mais recente aparece na coluna que está mais à esquerda, enquanto o resultado do período anterior está colocado mais à direita. Imagino que você esteja acostumado a ler tabelas em ordem cronológica, certo? Por exemplo, se uma planilha mostra os resultados de uma empresa de 2000 a 2005, você parte do princípio de que a primeira coluna (a mais à esquerda) mostra os números de 2000 e a última (a mais à direita) mostra os de 2005. No entanto, no relatório é o inverso, e os números mais atuais ocupam a primeira coluna.

De volta ao relatório em questão, logo após a composição do capital da empresa, o que aparece é o balanço patrimonial (itens 2.1 e 2.2 do índice), que representa uma foto da situação da empresa no último dia do trimestre. Esses núme-

102

ros mostram como os bens e direitos (ativos) são financiados: se pelo uso de capital próprio dos donos do negócio (patrimônio líquido) ou por meio de dívidas contraídas (passivo) — se você investe na empresa, seu dinheiro entra em patrimônio líquido.

Os ativos se dividem em dois tipos que vale explicar. Os ativos circulantes são os bens e direitos da empresa que têm a característica específica de poder ser convertidos em grana no curto prazo, em menos de um ano, o que dá um fôlego saudável para a saúde da empresa naquele momento. Dentro desse "guarda-chuva", estão os números de caixa e equivalentes de caixa; as aplicações financeiras; as contas a receber; e os estoques. Já os ativos não circulantes são bens e direitos que devem virar dinheiro a partir de um ano, ou seja, representam o valor previsto para entrar no caixa da empresa no médio e no longo prazo.

Em outro ponto no relatório, é possível acompanhar os números referentes ao balanço patrimonial passivo (3.2), que aponta o saldo das operações devidas pela empresa. Tal qual o anterior, ele também parte do total (valor integral, como o nome indica), que, por sua vez, subdivide-se em circulante (a ser quitado já no ano seguinte) e não circulante (a ser pago em mais tempo, a partir de um ano). Esses itens se desmembram em outros, mostrando exatamente a composição das dívidas e obrigações que precisam ser pagas pela companhia, permitindo ao investidor entender melhor com o que ela já está comprometida.

Ainda do lado dos passivos, temos o patrimônio líquido, que pode ser interpretado de duas formas, inclusive complementares: do ponto de vista da dívida da empresa com os sócios (que são os últimos a receber, depois de credores e funcionários) e do montante que sobra no bolso dos donos se a empresa usar todos os seus bens e direitos (ativos) para saldar dívidas e obrigações.

Todos esses números, ao serem transformados em indicadores (vamos chegar lá, *carma, miserávi*), dão uma importante noção da saúde financeira da empresa ao investidor, mas o melhor mesmo, pelo menos a meu ver, é o que aparece na sequência: a demonstração de resultado (DRE). A partir dela, é possível entender ainda melhor a trajetória da companhia durante o período reportado, tudo de forma bem condensada e prática, indo logo ao ponto que mais interessa aos investidores: o lucro. São esses números que compõem os principais indicadores fundamentalistas, e, por esse motivo, essa é a parte mais relevante na hora de analisar quais aportes fazer na bolsa de valores.

Como praticamente tudo na DRE é relevante, vale entendê-la ponto a ponto. Vamos por partes, como diria Jack, o Estripador:

A conta começa com a
Receita de Venda de Bens e/ou Serviços (ou Receita Líquida)

É tudo o que a empresa vendeu ou faturou no período. Muito cuidado para não dar mais importância a isso do que ao lucro, que aparece nas últimas linhas dessa página do relatório. Lembre-se de que o objetivo é investir em empresas lucrativas, que não são, necessariamente, as que têm faturamento alto, uma vez que existem as que faturam muito, mas não conseguem lucrar, porque têm muitos custos associados. Pense comigo: é melhor uma empresa que fatura R$ 1 milhão e gasta R$ 900 mil ou uma que fatura R$ 500 mil e gasta R$ 100 mil? Sem dúvida, a segunda opção. O mais importante é focar na eficiência como um todo, não no valor bruto.

Dela você deduz o

Custo de Produtos Vendidos (CPV)

Representa aquilo que está envolvido exclusivamente na fabricação da atividade-fim da empresa e que pode ser visualizado no produto. Se você compra uma latinha de cerveja, por exemplo, o que você pode ver é apenas a latinha e a cerveja. Portanto, na rubrica do CPV entram, por exemplo, a água, o malte e o lúpulo usados como insumos para produzir esse elixir dos deuses, além do alumínio ou do vidro para fabricar a embalagem. No entanto, quando você olha para a lata em si, não dá para ter ideia de quanto foi gasto de marketing para você conhecer aquela marca nem do que foi gasto de transporte para ela chegar até a sua goela. E esses itens não entram no CPV.

De onde se chega ao

Resultado Bruto

Mede exclusivamente o lucro apelidado como "chão de fábrica", aquele que é visível no produto final, sem as despesas que a empresa tem e que não são percebidas pelo consumidor. Na prática, ele é formado a partir da dedução do CPV na receita.

Do Resultado Bruto, deduzem-se as

Despesas vga (com vendas, gerais e administrativas)

Conhecido também como despesas operacionais, este resultado deduz apenas os gastos essenciais à produção do produto ou à realização do serviço, aqueles que não são facilmente identificáveis quando o produto é consumido. Dentro disso, por exemplo, entram despesas com vendas (representantes comerciais, marketing, logística etc.), gerais e administrativas (custos de escritório, remunerações etc.), entre outros gastos e receitas operacionais.

Para se chegar ao

Resultado Operacional

Mais conhecido como ebitda (ou Lajida, se o termo for aportuguesado), este número mostra o lucro da operação.

Ao Resultado Operacional, soma-se ou deduz-se o

Resultado Financeiro

Trata-se do balanço entre os frutos dos investimentos financeiros da empresa e os gastos com o pagamento de dívidas. Ou seja, este valor será positivo se os ganhos com investimentos forem superiores às perdas com juros das dívidas (a empresa ganha mais com suas aplicações financeiras do que paga com juros) e negativo se forem menores (a empresa gasta mais com juros de dívida do que seu recebimento das aplicações financeiras).

Para se chegar ao

Resultado Antes dos Tributos sobre o Lucro

É utilizado para a empresa apurar o pagamento de seus impostos. Na prática, é sobre este valor que serão cobrados os impostos que incidem sobre o lucro.

Uma curiosidade: às vezes, empresas com dinheiro para quitar as dívidas preferem não pagá-las para diminuir o valor do resultado e, assim, economizar com os impostos.

Do Resultado Antes dos Tributos sobre o Lucro, reduz-se o

Imposto de Renda e Contribuição Social sobre o Lucro

Autoexplicativo, este tópico aponta tudo o que a empresa efetivamente paga de tributação sobre o lucro obtido.

Para chegar ao

Lucro (ou Prejuízo) do Período

É deste resultado que parte, pelo menos para mim, o indicador mais importante a ser observado pelo investidor. É a partir do lucro ou do prejuízo no período que a empresa vai decidir o que fazer: pagar proventos aos donos do negócio, reinvestir em si mesma para financiar novos projetos ou quitar dívidas pendentes. É daqui também que sai o indicador margem líquida (lucro líquido dividido pela receita), indicador muito relevante sobre o qual falaremos mais detalhadamente adiante.

Pronto, esses são os itens que você deve olhar com maior atenção nas demonstrações financeiras. Não são os únicos, mas são os mais relevantes para entender o resultado das escolhas da empresa no período recortado e poder tomar melhores decisões. É importante destacar, porém, que os dados não demonstram exatamente o que aconteceu naquele período para que a companhia obtivesse aquele resultado. O porquê pode ser encontrado no fim do documento, mais especificamente nas notas explicativas e nos relatórios da administração.

No entanto, como esse tipo de material é extenso e complexo, só os analistas responsáveis pela cobertura do setor costumam encará-lo. A maioria dos investidores prefere consultar os releases de resultados, que resumem as partes importantes das notas em linguagem acessível e menos nerd. Vale a pena dar uma lida neles para entender o contexto das decisões da empresa durante o trimestre relatado.

Meus indicadores favoritos

Ok, eu sei que você estava esperando, desde o começo deste capítulo (e até do livro), o momento em que eu apontaria os indicadores fundamentalistas que uso para avaliar uma empresa. No entanto, eu preciso alertar novamente que essa escolha é muito pessoal. Esses dados ajudam na tomada de decisão, são importantes *inputs* para definir a entrada de um ativo em carteira (assim como sua porcentagem de participação), mas não existe uma regra geral que se aplique a todos os investidores.

Como tudo na vida, o que serve para mim pode não servir para você. Então seria irresponsável determinar quais indicadores você deve levar em conta para aumentar suas chances de sucesso no mercado financeiro. Eu não vou fazer isso. O que pretendo é apresentar os indicadores que mais utilizo nas minhas decisões e explicar o porquê, deixando você avaliar se fazem sentido ou não.

Conforme minha experiência foi aumentando, eu fui percebendo quais indicadores eram mais assertivos na tomada de decisão, e cheguei a essa ordem. Se você for iniciante, pode começar por ela até se sentir seguro para encontrar a sua.

A seguir, vou escalar o meu time de indicadores (do melhor para o pior), explicar o que cada um significa e contar o motivo da escolha.

Aplico um sistema de pontos que varia de zero a cem, de acordo com o meu nível de preferência por cada indicador (mas saiba desde já que uma pontuação baixa não quer dizer que se trata de um indicador pouco confiável. No caso do Capex/Depreciação, por exemplo, que ocupa o penúltimo lugar na lista, ele só tem uma pontuação baixa porque a usabilidade dele não se aplica à maior parte dos setores). Bora lá:

Margem líquida
(nível de preferência 100)

Este indicador é o meu favorito. Pode ser obtido dividindo o lucro líquido pela receita líquida. Ele representa a parcela do faturamento que sobrou de fato no bolso da empresa naquele período — por isso, quanto maior for seu valor final, melhor. Na prática, a margem líquida é o dinheiro que a empresa tem para quitar dívidas ou reduzir o endividamento com terceiros, reinvestir no próprio negócio a fim de aumentar o faturamento ou pagar proventos aos sócios.

Margem EBITDA
(nível de preferência 75)

Trata-se do lucro operacional (que chamamos de resultado operacional ali atrás) dividido pela receita líquida. Basicamente, este indicador traduz qual é o percentual do lucro operacional de uma empresa perante o valor que ela faturou — quanto maior for seu valor final, melhor.

Como esse valor varia muito entre os setores, estimar intervalos fixos de margem EBITDA é bem difícil. Por isso, é importante sempre comparar valores de um mesmo setor.

ROE
(nível de preferência 75 — se for um banco, sobe para 100)

A sigla remete ao retorno sobre patrimônio líquido (*return on equity*, em inglês). É obtido a partir da divisão do lucro líquido anual (soma de todo o lucro nos últimos 12 meses) pelo patrimônio líquido da empresa (valor que sobra para os sócios caso a empresa feche, que comentamos ali na parte de valor patrimonial).

É um indicador importante porque mostra a capacidade de geração de valor por capital investido — quanto maior o valor, maior a capacidade.

Não é incomum que o investidor inexperiente ou desatento seja enganado por um ROE positivo, já que a empresa pode registrar prejuízo (ou seja, ter lucro negativo) e possuir mais passivos do que ativos (portanto, apresentar patrimônio líquido negativo). Isso resulta em um número que não condiz com a verdade, já que, matematicamente, a divisão de um número negativo por outro também negativo sempre dá um resultado positivo. Portanto, tome muito cuidado ao analisar o ROE da empresa antes de investir e use sempre como primeiro filtro a margem líquida, que não corre o risco de aplicar essa pegadinha, porque não existe receita (faturamento) negativa!

Dividend yield
(nível de preferência 75)

Este indicador representa o valor que a empresa pagou por ação (em reais) dividido por sua cotação atual. A partir dele, você localiza empresas que pagaram bons dividendos nos últimos doze meses proporcionalmente ao preço da ação, ou seja, consegue encontrar boas oportunidades de compra de empresas conhecidas no mercado financeiro como "vacas leiteiras" (explicarei melhor no próximo capítulo). Como boas pagadoras de dividendos, costumam estar em setores perenes e estáveis, como o bancário, o de seguros e o elétrico. Este indicador é ótimo para quem busca viver de renda passiva.

No entanto, é importante considerar o *dividend yield* sempre sob uma perspectiva histórica, pois algumas empresas podem pagar dividendos não recorrentes ou anormais, o que distorce o DY. Então, para identificar as verdadeiras "vacas leiteiras" do mercado financeiro, é importante sempre observar a média do *dividend yield* ao longo do tempo.

CAGR
(nível de preferência 55)

Compound annual growth rate é a taxa de crescimento anual composta, que normalmente mede a evolução da receita ou do lucro calculada de forma composta. Seu cálculo é feito a partir da divisão do valor no fim do período pelo valor no início. Em seguida, eleva-se o resultado ao expoente de $1/n$, sendo "n" o número de anos do período que se quer calcular. Depois, subtrai-se 1 do resultado subsequente e multiplica-se o valor por 100 (pois trata-se de uma porcentagem). O resultado dessa conta será a taxa de crescimento anual composta do investimento feito.

O diferencial desse indicador é que, quando usado em períodos mais longos (o que é o desejável, aliás), ele acaba amortecendo a volatilidade que um evento atípico pode causar de um ano para o outro em uma empresa, ou seja, tranquiliza o investidor que se freia todo só de ver a receita ou o lucro caindo por um tri-

112

mestre. Justamente por ser um indicador mais amplo, vou colocar aqui somente o que eu observaria, pois seu tempo é escasso:

- **Empresas mais consolidadas:** crescimento CAGR de cinco anos do lucro líquido deve ser 10%, no mínimo.
- **Empresas em crescimento:** crescimento CAGR de três anos da receita deve ser 15%, no mínimo.

A esta altura você deve estar se perguntando por que analisar a receita se eu disse que é o lucro da companhia que importa. Eu te respondo: empresas com grande fatia de mercado para abocanhar muitas vezes usam a grana que seria distribuída aos acionistas para reinvestir em si mesmas (os administradores acreditam que podem executar projetos com maior taxa de sucesso e rentabilidade do que a média do mercado).

Isso acaba gerando muito custo em marketing, pesquisa e desenvolvimento de soluções, justamente para que ela possa evoluir como empresa. E esses gastos estão todos localizados na rubrica de despesas VGA (de que falamos anteriormente), afetando o *bottom-line*, que é o lucro líquido. Por isso abro esta exceção e considero analisar a receita em vez do lucro da companhia.

EV/EBITDA
(nível de preferência 50)

Essa barra aqui — e nos casos a seguir — significa "dividido por". Portanto, este indicador é o resultado da divisão do *enterprise value* (valor de mercado da empresa, com dívidas e tudo) pelo EBITDA, e mostra quantos anos de lucro operacional a empresa precisa ter para se comprar com a própria geração de valor da atividade-fim. É, assim, um termômetro da atratividade de preço momentânea da empresa — ou seja, quanto menor for o valor deste indicador, mais atraente ele está. No entanto, é preciso dizer que o *market cap* da empresa é influenciado pelo preço da ação, que varia a todo instante no pregão. Por isso, em períodos em que a cotação da empresa cai (diminuindo o EV), mas as atividades operacionais se mantêm constantes, você acaba vendo pelo EV/EBITDA que a empresa ficou mais atrativa, afinal você precisaria de menos anos de lucro operacional para comprá-la integralmente.

Dívida líquida/EBITDA
(nível de preferência 50)

Este indicador, que também aponta a saúde financeira da empresa, mostra quantos anos de lucro operacional a empresa precisaria ter para quitar completamente suas dívidas. Para calcular a dívida líquida, é preciso subtrair a dívida bruta com os credores do resultado do valor em caixa. Depois, para chegar ao indicador em questão, basta dividir o resultado dessa subtração pelo lucro operacional. Se a dívida líquida for negativa, a empresa é financeiramente saudável e, portanto, o indicador deixa de ter utilidade — do contrário, não; ele passa a ser bem útil. Vale lembrar que este indicador também está sujeito àquela "pegadinha" dos valores negativos que resultam em positivo, que citei anteriormente na explicação sobre o ROE. Fique atento: ele funciona apenas para empresas com dívida líquida positiva (mais dívida do que dinheiro em caixa) e lucro operacional também positivo.

Todo indicador de dívida é importante para comparar setores. Nesse sentido, os que têm maior previsibilidade de receita podem contrair um pouco mais de dívida porque, por serem perenes, normalmente conseguem taxas de financiamento mais baixas do que os outros. Um exemplo: empresas com concessão de longo prazo (como as de energia elétrica, saneamento básico e rodovias) sabem que têm um fluxo de receita razoavelmente "garantido" e, portanto, podem se endividar acima do recomendado — para mim, até 2,5 vezes; abaixo disso a dívida pode ser considerada baixa e a partir de 3,5 vezes, alta. No entanto, como frisado anteriormente, o importante mesmo é comparar somente as companhias do mesmo setor.

Capex/FCO
(nível de preferência 50)

Antes de tudo, vamos entender as siglas. Capex vem do inglês *capital expenditure* e indica os investimentos feitos por uma empresa em bens de capital, como equipamentos e instalações, a fim de ampliar sua estrutura e crescer. Já FCO significa fluxo de caixa operacional e representa a movimentação financeira da companhia. Nesse sentido, a divisão de um pelo outro gera um indicador que mostra como o fluxo de caixa está sendo reinvestido no crescimento da própria empresa para gerar mais dinheiro no período seguinte.

Se o resultado desta conta for próximo a 1, a empresa está tão confiante na operação do próprio *business* que pretende expandir em vez de aumentar suas aplicações financeiras — e isso é ótimo para setores que focam em crescimento exponencial, como o de tecnologia. Contudo, se o resultado for superior a esse valor, a companhia pode estar se endividando para aumentar suas operações — o que não é necessariamente ruim, desde que a dívida esteja sob controle, mas certamente requer maior atenção na análise.

Capex/depreciação
(nível de preferência 35)

É um indicador parecido com o anterior. A diferença está no fato de que, se a divisão do Capex pelo valor da depreciação for superior a 1, significa que a empresa está expandindo além do que precisa para se manter no patamar atual — o que configura o cenário ideal. Explico: toda companhia tem um patamar de lucratividade e, para aumentá-lo, precisa investir mais em si mesma. No entanto, isso só acontece se o valor investido for maior do que o depreciado.

Dessa forma, se o valor do indicador for igual a 1, significa que a empresa só está reinvestindo o suficiente para cobrir o que depreciou. E, se o valor for menor do que isso, nem o mínimo ela está fazendo, o que é péssimo no longo prazo, pois tende a tornar a empresa obsoleta com o tempo. Porém, caso o valor final seja superior a 1, aí sim a companhia estará confiante o suficiente para cobrir o custo natural de seu envelhecimento e tentar expandir suas operações e seus lucros — e é justamente isso que a torna interessante ao investidor.

Dívida bruta/patrimônio líquido (nível de preferência 25)

Dívida bruta é o capital que a empresa conseguiu com terceiros (bancos, geralmente), enquanto patrimônio líquido é o capital da empresa pertencente aos próprios sócios e acionistas. A divisão de um pelo outro gera este indicador, que, a meu ver, mostra a real relação entre capital de terceiros e capital próprio. Se o resultado desta operação for menor do que 0,5, o déficit pode ser considerado baixo e, portanto, confortável. Caso esteja entre 0,5 e 1,5, dá para dizer que ainda é mais ou menos "saudável" para a maioria das empresas, mas já requer atenção. Porém, se o número superar 1,5, aí o alerta acende e é preciso elevar a cautela com a companhia.

Vale frisar que essas faixas foram estabelecidas a partir da minha experiência e não são regras gerais consolidadas (uma vez que elas não existem na prática) — portanto, veja se fazem sentido para você antes de tomá-las como verdade absoluta. Para mim, este indicador tem seu papel na análise para a tomada da decisão, mas certamente não é protagonista, pois existem subjetividades decorrentes da dinâmica e das especificidades setoriais que podem influenciar o resultado. Portanto, pela septuagésima quinta vez no livro, eu reitero: não compare negócios muito diferentes usando a mesma régua. Fazer isso é como julgar uma orquestra pela sua atitude e uma banda punk pela sua complexidade melódica. Simplesmente não faz sentido.

Bem, esse é o meu conjunto particular de indicadores. Com base neles, consigo avaliar de forma mais completa e profunda a situação financeira e o potencial de cada empresa, o que me ajuda a tomar melhores decisões ao investir. Como não existe companhia perfeita e todas elas apresentam risco, raramente você encontrará alguma que gabarite esses indicadores. Por exemplo: organizações mais consolidadas, em setores mais perenes e que distribuem bons dividendos raramente vão atingir altas pontuações em indicadores de crescimento, como o CAGR da receita. Por outro lado, se uma empresa é menor e está num setor mais dinâmico, como as de tecnologia, justamente por ela ter um espaço maior pra crescer, provavelmente reinvestirá seus lucros em seu próprio negócio em vez de distribuir dividendos aos seus donos (nós, acionistas, inclusos).

Sob a ótica do investidor, o que eu recomendo é: se você tem pouca idade, pode enfiar mais empresas de crescimento em carteira, pois terá mais tempo não só para que elas amadureçam e ganhem mercado como também pra virar o jogo se der ruim. No entanto, se a idade estiver chegando, melhor focar mais em empresas consolidadas, por não poder correr tanto risco e também para buscar uma renda recorrente (por meio de dividendos de empresas ou aluguéis de FII).

Como eu já disse, a escolha dos indicadores é pessoal. É possível, inclusive, alterar o nível de preferência de cada um caso seja necessário, tornando um ou outro mais relevante no todo. Por isso, é muito importante estudar sobre o assunto e procurar entender o que outros investidores fazem — principalmente conforme você for se tornando um investidor mais experiente, aumentando seus investimentos e, consequentemente, os riscos. É com conhecimento e prática que você se tornará habilidoso, capaz de filtrar as melhores empresas entre as centenas disponíveis na bolsa de valores.

7
DIVIDENDOS

Além dos aportes recorrentes e do balanceamento periódico da carteira, outra estratégia bastante inteligente que ajuda no crescimento financeiro é reinvestir os dividendos na compra de novas ações e ativos, colocando o seu dinheiro investido para trabalhar a seu favor e agilizar o crescimento do patrimônio no longo prazo.

Em outras palavras, reinvestir os proventos recebidos movimenta um grande círculo virtuoso de geração de renda. Você trabalha, ganha dinheiro e investe uma parte em empresas que pagam dividendos; depois, estas trabalham, geram lucro e pagam proventos; você então pega essa grana e aporta em outras companhias, diversificando ainda mais a carteira e fazendo crescer o bolo. E essa engrenagem pode ficar ainda mais interessante caso uma parte do dinheiro seja reinvestida em empresas com potencial de crescimento, aumentando as chances de ganhar também com a valorização das ações ainda mais lá na frente. É só alegria!

O detalhe é que nem todas as empresas pagam dividendos. É verdade que toda empresa é constituída de forma a dar lucro aos donos (incluindo em "donos" nós, acionistas). E, na postura de donos, queremos ser remunerados por isso.

No entanto, pode acontecer de a empresa não ter lucro suficiente para isso (e, portanto, não ter o que repassar — tudo bem, faz parte) ou mesmo de entender que a melhor decisão, diante da conjuntura econômica, é reinvestir o valor em si mesma, aproveitando as oportunidades de mercado, o que é uma decisão válida. Em algumas companhias, existe até uma determinação explícita sobre reutilizar uma parcela do lucro líquido na própria companhia em vez de pagar proventos. Nesses casos, o investidor só vai ganhar dinheiro quando negociar suas ações no mercado ou se um dia, porventura, a companhia crescer, amadurecer e decidir pagar dividendos aos acionistas.

É importante que fique claro que o fato de pagar ou não dividendos não torna por si só nenhum investimento melhor ou pior. Isso vai depender de inúmeros fatores, que vão desde os interesses do investidor até o setor de atuação e o momento da empresa. Por exemplo, optar por reutilizar uma parcela do lucro líquido na própria companhia costuma ser bastante comum no setor de tecnologia, em que muitas preferem levar a cabo novos projetos ou adquirir *startups* (que têm estrutura mais enxuta, em comparação a grandes empresas, e enorme potencial) a distribuir dividendos. Quando as *startups* são boas, principalmente em termos de sinergia com a estrutura da empresa que as comprou, a soma dos resultados das companhias costuma ser maior do que o saldo individual de cada uma delas, e isso acaba refletindo no preço das ações no longo prazo e, consequentemente, no lucro do acionista. Por outro lado, empresas sólidas cuja atividade principal está em um setor considerado essencial — como o elétrico, o de saneamento e o bancário, por exemplo — costumam ser mais estáveis e, portanto, ter maiores margens de lucro por longos períodos, o que garante melhores dividendos.

Isso quer dizer que a distribuição dos proventos não tem relação com a qualidade da empresa. Algumas retribuem os sócios que acreditaram no seu potencial pagando dividendos; outras optam por adquirir terrenos e equipamentos, investir em pesquisa e tecnologia ou amortizar dívidas para se tornar mais eficientes. As duas decisões têm seus prós e contras e podem ser muito boas, a depender do objetivo de cada investidor.

Um exemplo de companhia que decidiu não pagar dividendos aos acionistas é a Berkshire Hathaway,[25] transformada por Warren Buffett em uma holding de investimentos (uma empresa que se dedica a investir em outras) no final dos anos 1960. Seus administradores preferem reinvestir a grana na companhia e crescer adquirindo novos negócios ou aumentando a participação em negócios em que já atuam e, assim, melhorar a eficiência. No primeiro semestre de 2021, a empresa acumulava mais de US$ 600 bilhões em *market cap*[26] e só dividiu os lucros obtidos com seus acionistas uma única vez, em 1967. O próprio Buffett justificou a decisão de não compartilhar os ganhos com os investidores em 2012, por meio de uma de suas famosas cartas anuais. Nela, o Oráculo de Omaha afirmou: "Os acionistas [da Berkshire Hathaway] são muito mais ricos hoje do que seriam se os fundos usados para as aquisições fossem destinados à recompra de ações ou ao

---

25 Conheça o caso em: <www.investopedia.com/ask/answers/021615/why-doesnt-berkshire-hathaway-pay-dividend.asp> (texto em inglês).

26 A informação pode ser consultada em: <www.investopedia.com/terms/b/berkshire-hathaway.asp> (texto em inglês).

pagamento de dividendos".[27] A lógica é simples: ao trocar o pagamento pelo reinvestimento em bons negócios, a empresa ganha tração para crescer e tende a se valorizar, fazendo subir o preço da ação e garantindo uma margem maior de valor aos acionistas no futuro. Não é feitiçaria nem tecnologia. É só visão de longo prazo e maestria na gestão de portfólio mesmo.

Essa postura, porém, afasta investidores que buscam uma renda passiva permanente no futuro. Luiz Barsi Filho, por exemplo, o maior investidor individual brasileiro, construiu praticamente toda a sua fortuna (estimada em R$ 2 bilhões[28]) com aquisições de boas pagadoras de dividendos no mercado financeiro. Com mais de cinquenta anos de experiência na bolsa, o economista defende a compra de ações de companhias sólidas e perenes e o reinvestimento de todos os dividendos pagos por elas em novas ações do mesmo tipo até que esse valor seja tão alto que o investidor nem sinta mais necessidade de tirar dinheiro do próprio bolso para aportar. Essa tática provoca um efeito multiplicador exponencial que, com a ação do tempo, permite ao investidor viver somente da renda passiva,[29] uma verdadeira "bola de neve" de bonança. Não à toa, Barsi é considerado o "rei dos dividendos" e chama sua estratégia de "carteira previdenciária", já que ele a recomenda para quem deseja ter uma vida boa mesmo depois de parar de trabalhar.

---

27 Relatório Anual da Berkshire Hathaway, 2012, p. 19. Disponível em: <www.berkshirehathaway.com/letters/2012ltr.pdf> (texto em inglês).

28 Conheça a trajetória dele em: <www.cnnbrasil.com.br/business/2020/04/03/de-engraxate-a-rei-da-bolsa-conheca-a-trajetoria-e-as-ideias-de-luiz-barsi>.

29 Veja mais sobre esse método em: <https://exame.com/seu-dinheiro/o-metodo-do-bilionario-luiz-barsi-para-se-aposentar-investindo-so-em-acoes>.

Para mim, essa estratégia é válida principalmente se o investidor já estiver mais próximo de se aposentar ou se preferir adotar uma postura mais conservadora em renda variável. Para quem está majoritariamente exposto à renda variável, é importante alocar seu patrimônio da forma mais segura possível, priorizando o investimento menos arriscado em detrimento da probabilidade de rentabilidade.

Os dividendos são tão valorizados em todo o mundo que a famosa consultoria financeira Standard & Poor's lançou em 2005 o índice *Dividends Aristocrats*, que lista empresas americanas que aumentaram o pagamento de dividendos anualmente nos últimos 25 anos. Esse índice, aliás, é a referência de um fundo ETF[30] americano composto por 65 companhias, a maioria ligada ao setor industrial, de materiais[31] (descoberta, desenvolvimento e processamento de matérias-primas) e de bens de consumo (produtos essenciais, como alimentos e bebidas).

Contudo, é importante ficar atento para não comprar empresas que pagam dividendos mesmo sem dar lucro — sim, isso existe. Essa atitude irresponsável mostra que a companhia tem falhas de governança e pode acabar dando dor de cabeça ao investidor. Por isso, sempre recomendo acompanhar de perto as decisões tomadas pelas empresas em carteira para tentar entender quais são as motivações por trás de cada uma delas — para isso, leia os relatórios produzidos pelas casas de análises (a Inside Research, por exemplo) e os publi-

---

30 Consulte a informação completa em: <www.proshares.com/funds/nobl_index.html> (texto em inglês).

31 Aqui você encontra uma descrição detalhada: <www.investopedia.com/terms/b/basic_materials.asp> (texto em inglês).

cados pelas próprias companhias (como o DFP, detalhado no capítulo anterior).

Outra forma de identificar essa patifaria é olhar o *Payout Ratio* histórico, isto é, o percentual do lucro da empresa que foi pago aos acionistas em forma de dividendos nos últimos anos, evitando investir em empresas que distribuem mais de 100% dos lucros durante mais de quatro trimestres.

Por fim, é importante registrar que não existe "almoço grátis" na distribuição de dividendos — assim como em tantos outros aspectos da economia. Afinal, o dinheiro pago aos acionistas sai do próprio caixa da empresa, o que teoricamente deveria fazer o preço das ações cair — e só não é assim porque a cotação de um ativo acaba sendo definida pelo movimento de compra e venda dos investidores nos pregões diários (*book* de ofertas). Meu ponto é: recebeu dinheiro de uma empresa? Então reinvista os dividendos recebidos para aumentar seu volume de ativos e equilibrar seu portfólio, o que, sem dúvida, é uma estratégia bastante inteligente.

O "animal" sagrado da bolsa

Na pecuária, as vacas que produzem leite de forma constante e abundante por um longo período são chamadas de "leiteiras". Essa produção acima da média faz com que elas sejam muito bem avaliadas economicamente, sendo essenciais para a produtividade da cadeia que forma o setor leiteiro. Por esse motivo, costumam ser animais altamente rentáveis aos donos.

No mercado financeiro, a lógica é parecida. As empresas maduras que remuneram seus sócios com gordos dividendos de forma constante e periódica também são conhecidas como "vacas leiteiras"[32] (*cashcows*, em inglês). Tal como os animais que inspiram a metáfora, essas companhias também têm muito valor e são bastante lucrativas. São tão consolidadas em seus setores (e muitas vezes líderes de mercado) que conseguem gerar muito lucro e, consequentemente, pagar bons proventos a quem investiu nelas.

Um benefício de ter alguns desses "animais" sagrados da bolsa de valores em carteira é o baixo risco associado (o risco é menor do que quando a empresa, em vez de remunerar os sócios, usa o lucro para financiar projetos promissores a fim de fazer a companhia crescer, porque, nesse caso, junto com a possibilidade de continuar executando bons projetos e evoluir, há sempre o risco de o projeto não se mostrar de fato promissor). Além disso, o investidor ainda recebe o dividendo líquido direto na corretora de valores, uma vez que os tributos foram todos recolhidos pela empresa pagadora antes mesmo da distribuição aos acionistas, inclusive quando a empresa classifica os proventos como juros sobre capital próprio (JSCP), apontando o valor como despesa a fim de pagar menos imposto.

Por essas vantagens, focar nas "vacas leiteiras" é uma ótima estratégia para investidores *Buy and Hold*. No meu caso, elas não correspondem à totalidade, mas formam a base da minha carteira de investimentos justamente porque oferecem maior estabilidade e retorno em dinheiro do que outros ativos sem que eu tenha que me desfazer deles. Acredito que a fatia

---

32 Entenda o uso do termo em: <www.investopedia.com/terms/c/cashcow. asp> (em inglês).

de cada empresa no portfólio deva ser inversamente proporcional ao risco que cada uma oferece, ou seja, quanto mais sólida e segura for a companhia, mais espaço ela terá no portfólio (e vice-versa).

"Beleza, Pit. Mas como eu sei quais empresas pagam bons proventos?", você deve estar pensando. Simples, eu respondo: a partir da análise de indicadores fundamentalistas que sejam relacionados a isso, como o *dividend yield* (que você conhece do capítulo anterior), o *dividend payout* e o *yield on cost*. Para ficar mais clara a importância desses números na hora de adicionar um novo ativo à sua carteira, vou apresentar cada um deles em detalhes. Vamos lá:

Dividend Yield (DY)

"Rendimento do dividendo", em português, o DY é o melhor indicador para avaliar empresas e sua capacidade de pagar proventos. Para chegar a ele, divida o valor pago por ação nos últimos doze meses pelo preço da ação naquele momento e multiplique o resultado por 100. Exemplo: se uma empresa pagou dividendos de R$ 2 por ação no último ano e agora sua ação está custando R$ 100, seu indicador de retorno em dividendos será 2%. Para efeito de comparação, a melhor companhia neste quesito será a que apresentar o valor percentual mais alto. Se for possível, o ideal é priorizar ativos que tenham DY superior ao valor da renda fixa. E você também pode aplicar essa lógica para escolher o tipo de ação (ordinárias, preferenciais ou *units*). Aqui, o "quanto maior, melhor" também vale, e a análise da empresa precisa levar em conta a perspectiva histórica (como dito no capítulo anterior), a fim de evitar influência de possíveis distorções causadas por pagamentos de dividendos não recorrentes ou até por momentos em que ela decidiu não distribuir para reinvestir em si mesma.

Dividend payout

Este indicador representa o percentual do lucro líquido da empresa que foi distribuído na forma de proventos, tanto dividendos quanto juros sobre capital próprio. Para encontrá-lo, divida o valor pago aos acionistas pelo lucro líquido total e multiplique por 100. Exemplo: se a empresa lucrou R$ 100 milhões e pagou R$ 75 milhões aos acionistas, significa que ela pagou 75% do valor total em proventos. Se você comparar duas empresas de um mesmo setor, a melhor neste indicador será a que tiver maior valor percentual. Além disso, também é importante observar o histórico de *payouts* em uma plataforma de acompanhamento financeiro, a fim de entender a trajetória ao longo do tempo. Nesse sentido, se a ideia é investir em uma empresa considerada uma "vaca leiteira", o recomendado é buscar ativos que tenham *payout* histórico acima de 75%.

Yield on cost

"Rendimento sobre o custo de aquisição", em português, é um indicador que, apesar de ser bem parecido com o *dividend yield*, tem uma diferença importante. No cálculo para encontrar o valor, você precisa dividir quanto recebeu de proventos pelo valor médio pago pelas ações, também conhecido como preço médio, e não pela cotação mais recente, como ocorre na outra referência. Com isso, é possível descobrir se os investimentos realizados foram bons a partir de duas óticas diferentes: do recebimento de proventos e da valorização das ações. Esses dois resultados, aliás, são o combo ideal para balizar as decisões do investidor de longo prazo.

No entanto, assim como os outros indicadores citados aqui no livro, o *yield on cost* não deve ser considerado isoladamente. Faço esse alerta porque muito investidor novato fica obcecado por baixar o preço médio da ação a qualquer custo (e, consequentemente, aumentar o *yield on cost*), mas esquece que isso pode ser ruim para o próprio portfólio. Nunca é demais parafrasear o grande Buffett: é muito melhor comprar uma empresa excelente por um custo justo do que uma empresa mequetrefe por um preço atrativo. Por isso, cuidado para não ficar viciado em preço e esquecer o valor. O valor é que vai te garantir bons negócios no longo prazo, já que a companhia precisa se desenvolver para que mais investidores queiram adquirir seus ativos e o preço suba.

A meu ver, a decisão de compra de ativos bons pagadores de dividendos deve ser tomada de forma consciente e estratégica, alinhada à sua tese de investimento. Se empresas bem-sucedidas optam por reinvestir o lucro líquido (em vez de pagar seus acionistas) buscando valorização, por que você, investidor de longo prazo, não faria o mesmo, se o seu objetivo é parecido?

Eu sei que pode ser bastante tentador sacar o dinheiro recebido para gastar em farra, pinga, foguete ou qualquer que seja seu ponto fraco quando se trata de gastos não essenciais. Porém, faça o que for possível para reinvestir esse dinheiro nas empresas que você tem em carteira, especialmente aquelas que estão mais distantes da porcentagem ideal que você definiu para elas ocuparem no portfólio. Dessa forma, você consegue aumentar o seu patrimônio como um todo, de forma balanceada e diversificada ao longo do tempo, conseguindo mais dinheiro lá na frente. Recorde que aportar os dividendos é investir em si mesmo, no seu "eu" futuro e na forma como ele viverá daqui a um tempo.

Ah! E não se abale se o valor recebido dos ativos na forma de proventos for baixo no começo: trata-se de uma construção que precisa da sua ação constante para dar certo. O próprio Barsi não virou bilionário em alguns meses, né? Talvez você não enxergue hoje como isso pode fazer a diferença lá na frente, mas eu te garanto: a mentalidade de *holder*, o poder das empresas em gerar riqueza e a força dos juros compostos ajudarão você a chegar lá. Mãos à obra!

8
PRIMEIROS
APORTES

Desde pequeno, eu sempre fui um cara muito curioso, que gostava de aprender sobre vários assuntos. Só que, para mim, o ciclo de aprendizado só fica completo quando eu, de fato, consigo colocar em prática o conhecimento adquirido. Não faz nenhum sentido ficar só na teoria! Eu gosto mesmo é de botar a mão na massa, fazer acontecer o quanto antes e colher os benefícios do meu esforço. Foi assim quando aprendi a tocar bateria, quando fiz a faculdade de Economia, quando decidi abrir a minha própria empresa e, lógico, quando comecei a operar na bolsa de valores. Por isso, eu tenho plena convicção de que este livro só fará sentido se você aí do outro lado aplicar os conceitos e as dicas que passei até aqui.

Calma, eu sei que colocar os conhecimentos em prática pode ser muito difícil no começo, especialmente quando envolve dinheiro (mais especificamente, o risco de perdê-lo)! Portanto, para te ajudar a dar o *start* nos investimentos, apresento aqui, em forma de passo a passo, as informações mais importantes para que você se sinta totalmente pronto e planeje seus primeiros aportes em renda variável antes mesmo de fechar este livro. Vamo pra cima!

Antes de investir, organize-se!

Vamos começar bem do início: antes de sair criando uma conta na corretora de valores e fazendo aportes aleatórios no mercado financeiro, você precisa estar seguro com relação à gestão do seu dinheiro. Nesse sentido, o ideal é que você tenha uma reserva de emergência confortável e aí sim passe a investir em renda variável. E que esse valor esteja associado ao estilo de vida que você leva atualmente e ao tanto de grana que você ganha (eu espero). Explico: vai que você começa a investir e perde o emprego? É importante poder contar com um dinheiro para pagar as contas até achar outro trabalho e se estabilizar. E, isso é óbvio, quanto mais caro seu estilo de vida, maiores serão os boletos e maior deve ser o montante da sua reserva de emergência.

Cada profissão tem um risco associado (algumas são mais estáveis, outras menos), e isso tem influência direta no volume de dinheiro que é preciso guardar para segurar as pontas caso seja necessário viver um tempo sem renda ou gastar com alguma urgência. Um funcionário público, por exemplo, possui menos chance de tomar um pé na bunda do que um empregado do setor privado ou um autônomo, então a reserva de emergência dele não precisa ser tão grande quanto a de um autônomo (que pode ter um mês superprodutivo cheio de trabalho e, no seguinte, não receber nenhum cliente). Em outras palavras, quanto maior a estabilidade do cargo, menor o estoque de dinheiro necessário para atender a situações emergenciais. Sendo mais prático, minha "regra de bolso" sobre reserva de emergência é que pessoas com um emprego estável precisam de seis a oito meses de custo mensal garantido. O cálculo desse valor também deve levar em conta as despesas com dependentes, caso eles existam. Ou seja, se o cara é funcionário público e seus gastos de vida giram em torno de R$ 5 mil por mês, seria prudente se a reserva de emergência dele estivesse entre R$ 30 e R$ 40 mil antes que ele pudesse começar a investir em renda variável com segurança.

Para trabalhadores com estabilidade intermediária, como os do setor privado (que contam com salário fixo, mas convivem com maior rotatividade), a reserva ideal gira em torno de oito a dez meses, no mínimo. Se pensarmos que o tempo médio de recolocação do trabalhador brasileiro no mercado formal vem aumentando ao longo dos últimos anos (no início de 2020 era de um ano e três meses[33]), esse estoque deveria ser ainda maior — e vale a pena aumentá-lo, caso você consiga.

Por fim, a situação mais crítica é a de quem não tem estabilidade, ou seja, trabalha em sua própria empresa, presta serviço como autônomo ou é empregado e obtém grande parte da renda de bônus ou comissão por venda. Nesses casos, o legal é salvar, no mínimo, dez a doze meses de reserva de emergência, para estancar a sangria quando o bicho pegar ou a renda oscilar.

Quanto ao local para guardar essa grana toda, acredito que a melhor estratégia seja investir em Tesouro Selic, modalidade de renda fixa pós-fixada definida pela variação dessa

---

33 Dados da pesquisa "O desemprego e a busca por recolocação profissional no Brasil", publicada em fevereiro de 2020 pelo SPC Brasil, pelo Sebrae e por outras entidades. Disponível em: <www.spcbrasil.org.br/wpimprensa/wp-content/uploads/2020/03/An%C3%A1lise-O-Desemprego-e-a-Busca-por-Recoloca%C3%A7%C3%A3o-Profissional-1.pdf>.

taxa de juros e que, por isso mesmo, muito raramente tem retorno negativo. Trata-se de um produto que tende a oferecer baixa rentabilidade, mas, por mais estranho que possa parecer, considero esse fator ideal para uma situação imprevisível. Não, você não leu errado. Eu defendo que esse dinheiro esteja em um investimento chato e seguro, afinal na emergência você não vai querer fazer conta de rentabilidade para saber se vale a pena ou não tirar o seu dinheiro de lá, né? Imagina só guardar todo esse valor em um investimento que renda muito e precisar dele justamente quando estiver indo muito bem? O contrário também vale: pensa só você necessitar da grana e descobrir que perdeu dinheiro e precisa vender no momento em que um bom investimento desvalorizou, que é justamente quando deveria estar comprando? Então, não inventa e coloca seu dinheiro em um lugar seguro e estável. Uma dica boa é investir em Tesouro Selic na mesma corretora em que você vai fazer seus investimentos em renda variável. Lá você vai deixar o seu dinheiro reserva longe do banco, dificultando o uso dessa grana para cobrir qualquer merda financeira que você possa vir a fazer.

É claro que é sempre melhor você usar esse dinheiro para saldar uma dívida do que cair no cheque especial, por exemplo. Mas lembre-se de que reserva de emergência é para ser usada em imprevistos, não para gastos corriqueiros ou pequenos (e grandes!) luxos.

Reserva financeira garantida, o próximo passo é fixar na cachola, de uma vez por todas, aquele que deve ser o seu principal mantra como investidor de longo prazo: "Todos os meses, eu vou investir uma parte do dinheiro que receber antes de gastar". Essa é uma prática que eu adoto há muito tempo e acredito que funciona para a maioria das pessoas porque nós, humanos, tendemos sempre ao consumo imediato. "Dinheiro na mão é vendaval" é um ditado que resume bem essa nossa condição. Por isso, se você ficar esperando sobrar dinheiro na conta para investir, seus aportes recorrentes vão falhar e você vai ficar cada vez mais distante do objetivo de ser rico na velhice. Outra vantagem de investir antes de gastar é justamente poder pagar as contas e comprar as coisas que você deseja sem culpa, com a sensação de que está em dia com o seu futuro. Vem na minha que é sucesso!

Prefira taxa zero e respeite seu perfil como investidor

Depois de organizar sua vida financeira e entender a importância de investir antes de gastar, o próximo passo para se tornar um investidor em renda variável é escolher a corretora de valores pela qual você fará os aportes. Nos últimos anos, a tecnologia tem avançado rapidamente, e investir na bolsa está cada vez mais fácil e intuitivo. Os *home brokers* estão evoluindo e as empresas têm trabalhado intensamente para oferecer a melhor experiência ao usuário, seja iniciante ou não. Além do mais, a grande maioria das corretoras já oferece uma batelada de instruções sobre como usar a plataforma, basta dedicar algum tempo para entendê-las e botar a mão na massa. Isso não é um problema, você vai matar a pau.

A única dica que eu dou a esse respeito para quem está começando é que, antes de escolher a corretora, pesquise se ela oferece taxa zero de corretagem. Isso é muito importante porque, ao pagar qualquer tarifa, você indiretamente diversifica menos o portfólio, já que as corretoras que cobram taxa o fazem por ordem de ativo enviada, não por volume financeiro. Antigamente, em um tempo não tão distante assim, quem não era milionário tinha que escolher em qual empresa aportar e tacar pau em uma só, o que tornava o balanceamento lento e ineficiente. Assim, o investidor comum tinha que abrir mão das várias oportunidades que se apresentavam a cada mês, sem poder abraçar um pouco de cada uma. Felizmente, esse tempo passou e agora é possível concretizar várias negociações mensais sem taxa de corretagem, melhorando muito o processo de construção de portfólio.

Sendo mais claro: se você não tem muito dinheiro para investir e ainda gasta com as taxas da corretora, deixa de adquirir novos ativos e fica mais vulnerável ao impacto das variações típicas daqueles poucos ativos. É tudo uma questão de racionalizar: se o investidor pagar corretagem, quanto menos grana ele tiver, menos ativos ele somará em carteira; e quanto menos ativos em carteira, maior a chance de sentir o tranco da desvalorização e perder dinheiro. Um portfólio com apenas três empresas tende a ser mais suscetível à desvalorização do que um com vinte, principalmente se os ativos estiverem alocados em diferentes setores. Por isso, não vacile e pesquise bastante até encontrar a corretora taxa zero que mais o agrade.

Vencidos os dois primeiros passos, é hora de sentar a bunda na cadeira e encarar a burocracia, que, ainda bem, é simples e rápida de ser resolvida — quem dera fosse assim para os empreendedores também! Acesse o site da corretora escolhida, preencha com calma e atenção todos os dados

138

necessários e dedique um tempo para responder o formulário a fim de descobrir seu perfil como investidor. Desde 2015, a aplicação desse documento, mais conhecido como *suitability* (verificação da adequação do produto ao cliente, em português),[34] tornou-se uma norma obrigatória da Comissão de Valores Mobiliários (cvm), órgão que regula o mercado financeiro no Brasil. No preenchimento, você informa suas preferências sobre o assunto, bem como o objetivo da operação, o período estimado que pretende mantê-la e como encara os riscos envolvidos, entre outras questões. É esse preenchimento que determinará o seu perfil de investidor — conservador, moderado ou agressivo — e definirá quais produtos estarão disponíveis para você na corretora.

O perfil conservador indica preferência por rentabilidade em médio e longo prazo com maior proteção do capital investido, ou seja, previsibilidade de retorno no fim do período estipulado. O moderado, por sua vez, aponta um gosto por investimentos seguros, mas com disposição a assumir certos riscos em troca de maior rentabilidade. Por fim, o agressivo é o mais ousado, aquele que topa correr riscos maiores porque entende do assunto e sabe que pode conseguir maior rentabilidade.

Em resumo, preencher o formulário de *suitability* garante que uma pessoa conservadora não se arrisque além da conta e tome prejuízo por desconhecimento ou descontrole emocional. Por isso, preste atenção às questões e responda-as com sinceridade. Seja consciente e evite o tiro no pé.

---

34 Entenda mais sobre o documento em: <https://blog.clear.com.br/o-que-e-suitability>.

Invista no que você entende ou sabe como funciona

Pronto. Com a conta na corretora aberta e o perfil definido, você deve estar ansioso para, finalmente, começar a investir e fazer o dinheiro trabalhar por você, certo? Bom, ainda tem algo para fazer antes disso: escolher quais serão os primeiros ativos a investir, analisar melhor os indicadores fundamentalistas de cada um e, principalmente, entender o racional por trás deles (o motivo pelo qual você está trocando o seu dinheiro por aquele ativo). Deixe de lado a ideia de que investir é adquirir unidades de uma sequência de números e letras em um ambiente digital e passe a encarar isso como a compra de parte de uma empresa ou de imóveis. Lembre-se também de que, nos dois casos, existem pessoas trabalhando e pensando em formas de gerar mais riqueza para os donos, que, aqui, são você e os outros investidores.

Quando você entende que uma cota de fundo imobiliário nada mais é do que pedaços de imóveis que existem de fato (no site da gestora do fundo você consegue até ver fotos do portfólio e saber quem são seus inquilinos), a sua relação com aquele investimento muda. E melhora ainda mais quando você entende que a renda recebida todo mês em forma de dividendo tem origem no aluguel pago pelas grandes empresas que estão ocupando o espaço naquele momento, como se você fosse sócio do Seu Barriga e ganhasse parte do aluguel pago pelos inquilinos da vila do Chaves com a vantagem de não ter que ficar apertando o Seu Madruga pra pagar o aluguel atrasado, já que a gestão não é sua responsabilidade. Por isso mesmo, recomendo a todos os investidores iniciantes que comecem a investir em renda variável a partir de fundos imobiliários (FII), que são menos voláteis, rendem dividendos mensais e têm modelo de negócio mais simples.

Se você não entender como funciona o ativo no qual está investindo, estará muito mais suscetível a cometer o pior erro de um investidor: vender o ativo quando o mercado estiver em baixa em vez de aproveitar o preço menor para aumentar sua participação. Já disse e repito: embora seja contraintuitivo, faz todo o sentido: por que vender um ativo se os fundamentos dele permanecem os mesmos? Lembre-se sempre de enxergar a queda na cotação como uma oportunidade de comprar mais unidades daquilo que você já considera bom, uma vez que entende a variação negativa como uma oscilação típica do mercado financeiro. Faz sentido para você? Tem que fazer, senão você vai perder dinheiro com certeza.

Ah, uma coisa importante: para mim, a porcentagem ideal de FII no portfólio deve ser diretamente proporcional à idade ou inversamente proporcional ao tempo que falta para sua aposentadoria. O motivo principal é que, à medida que vamos envelhecendo, a tendência é diminuir a intensidade do trabalho (e provavelmente a renda) e manter os custos — ou até aumentar, já que entram gastos extras com remédios ou cuidados especiais. Quanto mais cotas de fundos imobiliários você tem, maior a possibilidade de que os dividendos pagos mensalmente por eles sejam suficientes para cobrir todos os seus custos fixos no mesmo período.

Caso uma empresa dê muito certo e, eventualmente, comece a pagar dividendos (por entender que não tem mais para onde crescer e, portanto, não precisa reinvestir os lucros), você já terá comprado muitas ações e receberá proventos enormes. Já a pessoa com mais idade tem menor chance de ver a empresa prosperar, porque isso leva tempo, então é preferível garantir que os rendimentos pinguem na conta todo mês e sirvam como "renda passiva".

Tendo você a idade que tiver, começar por fundos imobiliários ajuda a trabalhar seu "estômago" para as variações típicas do mercado financeiro. Em geral, os iniciantes se assustam ao ver o patrimônio variando para baixo (algo que vai acontecer muitas vezes, já adianto). Como o tranco em fundos imobiliários costuma ser bem menor do que no mercado de ações, eles não dão aquela sensação de querer se jogar da ponte a cada queda da bolsa e acabam servindo como treino para que o investidor se acostume ao sentimento de instabilidade que faz parte do jogo. Ao mesmo tempo, os pagamentos mensais ajudam a amortecer essa condição e mostram de onde vem o retorno desse tipo de investimento. Depois de um tempo de experiência em fundos imobiliários, lidar com uma variação maior em outra classe de ativo, mais arriscada, será mais tranquilo, e a chance de você tomar decisões racionais, e não emocionais, será maior.

Sendo assim, a minha regra de bolso para investidores iniciantes é começar aportando mensalmente apenas em fundos imobiliários por três a seis meses, independentemente dos valores, a fim de se ambientar. Depois, nos seis meses seguintes, ir um pouco mais fundo e acrescentar empresas que sejam boas pagadoras de dividendos, como as dos setores elétrico, bancário, de seguros e de saúde. Em seguida, já com

142

a experiência de um ano nas costas, agregar as chamadas "empresas de crescimento", que podem render bons frutos, mas têm mais risco envolvido — afinal, da mesma forma que podem acertar na mosca e crescer, também podem executar algum projeto errado no meio do caminho, ser atropeladas por um concorrente ou engolidas pelo avanço de outros setores mais disruptivos.

Não à toa, muitas dessas empresas de crescimento são de tecnologia, um setor em constante transformação, com inovações a todo momento. Nem precisa ser um estudioso da área para perceber isso: quantos recursos novos os smartphones apresentam a cada novo modelo lançado? Nesse segmento, é muito comum ver corporações com crescimento exponencial sendo superadas por concorrentes mais inovadores, por exemplo. É só lembrar como o Orkut foi totalmente engolido pelo Facebook e como essa plataforma, que reinava soberana, em pouco tempo passou a enfrentar a concorrência de outras, como Instagram e TikTok, que também devem sentir o baque da chegada de novos *players* num futuro não tão distante. Embora atualmente seja possível investir nessas gigantes da tecnologia através de BDRS, o que facilita a vida do investidor, essa volatilidade das empresas de crescimento acaba gerando menor previsibilidade e, portanto, maior risco.

Já as empresas de dividendos têm lógica parecida em alguns pontos, mas contrária em outros. São empresas com modelos de negócio mais previsíveis e, portanto, oferecem menos risco. Uma firma do setor elétrico, por exemplo, goza de uma concessão pública e já tem toda uma estrutura consolidada (fios, usina etc.), ou seja, a chance de perder mercado e se tornar obsoleta do dia para a noite é pequena. Por esse motivo, em vez de usar todo o lucro para crescer, ela paga dividendos aos acionistas.

Para investidores iniciantes, acredito que o melhor seja investir em ativos mais seguros (fundos imobiliários) e depois adquirir outros tipos de maior risco (empresas pagadoras de dividendos e com potencial de crescimento, nessa ordem). Isso porque saber lidar com as instabilidades das companhias exige certo sangue frio e conhecimento na área — não é simples avaliar se uma oscilação negativa está ligada a uma conjuntura passageira ou a uma grande reviravolta no setor.

Só depois de pelo menos três anos investindo, familiarizando-se com os termos, os informativos, as notícias relacionadas ao mercado financeiro, é que você deve começar a ser um pouco mais ousado e adquirir uma porcentagem bem pequena (nunca mais do que 5% da carteira) de companhias que podem estar passando por dificuldades, as chamadas "empresas em *turn around*" (algo como "dar a volta por cima", em inglês). Elas funcionam como uma "aposta" de risco controlado na sua carteira: você ganha bastante dinheiro se o processo de reestruturação oferecer resultado, mas não perde tanto caso dê errado, porque você ajustou a sua exposição de forma inversamente proporcional ao risco. Trata-se, no fim, de uma estratégia de diversificação para "apimentar", de forma consciente, a sua rentabilidade.

Se você não quiser esperar três anos para abrir o patrimônio em mais ativos, depois de dois anos investindo (recomendação minha; não há regra para isso!) você pode investir em ações de empresas estrangeiras, seja abrindo conta em corretoras no exterior (muitas já têm atendimento em português e baixo custo de corretagem) ou adquirindo BDR, que é um recibo de ações gringas emitido por instituições financeiras brasileiras. É como comprar uma ação da Apple, por exemplo, mas de forma indireta, por intermédio de uma instituição depositária. O legal é que o BDR também repassa (com um leve desconto por conta da burocracia bancária) os dividendos pagos pela ação internacional, o que é sempre bom para o investidor de longo prazo. A maior dificuldade de investir em bolsa de valores no exterior, contudo (especialmente nos Estados Unidos), é acompanhar o mercado à distância. Embora muitas empresas americanas sejam reconhecidas globalmente (caso de Microsoft, Google, Apple, Facebook etc.), outras são desconhecidas do público brasileiro (como as gigantes petrolíferas Chevron e ExxonMobil, por exemplo). De certa forma, se formos além das *big techs* — as maiores empresas de tecnologia do mundo —, fica complicado acompanhar o andamento do mercado financeiro no exterior e, consequentemente, enxergar o lastro que garante a saúde do seu investimento. Portanto, apesar de o mercado norte-americano ser maior, mais simples e apresentar menos risco, a falta de contato com a realidade local e a dificuldade de conhecer e acompanhar as empresas pode deixá-lo inseguro, o que é péssimo para os negócios. Para minimizar essa condição, alguns serviços aqui no Brasil já se dedicam a analisar as empresas gringas e "mastigar" seus resultados para ajudar os brasileiros a investir melhor lá fora — é o que faz a Inside, por exemplo, em seu plano internacional.

Por fim, ainda sobre tipos de investimento em renda variável, existem algumas outras classes de ativos mais delicados e/ou cíclicos, isto é, que têm maior volatilidade, são mais afetados por instabilidades na economia e exigem mais sangue frio do investidor. A meu ver, eles só são recomendados para investidores mais experientes, que estão habituados com o alto nível de oscilação de preços de uma empresa muito dependente de moeda estrangeira, e/ou com financiamentos em dólar (caso de setores muito voltados à exportação e à importação), ou que não tem total controle sobre o preço do próprio produto (caso de setores comoditizados, como petróleo, milho, soja e carvão). Trata-se, portanto, de um investimento que só deve ser feito se você tiver algum conhecimento e um bom *mindset* pra lidar com oscilações. Mesmo eu, que tenho maior tolerância a risco, que já vivi na pele a volatilidade da bolsa como *swing trader* e que trabalho diretamente com bolsa de valores, prefiro ter minha carteira baseada em fundos imobiliários e empresas pagadoras de dividendos. Então, não seja trouxa de cair no papinho de guru que não faz (ou não explica) o que está "ensinando" e só invista naquilo que você entende realmente como funciona, ok?

Reinvestir proventos + balancear os aportes = sucesso

Se você já se organizou financeiramente, avaliou os indicadores fundamentalistas de empresas e dos fundos e até já está adquirindo algumas ações ou cotas, chegou a hora de começar a multiplicar esse dinheiro de forma inteligente. E você já sabe como, né? Aportando os proventos mensais pagos por fundos imobiliários e empresas de dividendos na sua própria carteira. Esse reinvestimento, somado ao aporte mensal recorrente, será o grande responsável por multiplicar o seu patrimônio no longo prazo.

Vale reforçar: enriquecer no mercado financeiro só será possível se os juros compostos tiverem tempo de agir sobre o montante investido. Lembre-se da frase "Investimento é igual a sabonete; quanto mais você mexe, menor ele fica"? É bem isso. Se você cede aos delírios do mercado financeiro no curto prazo, vende o ativo quando o preço cai e compra quando sobe, está perdendo dinheiro, e seu destino será a falência. No dia a dia, muita gente gosta de dizer que a bolsa tem personalidade maníaco-depressiva, que está sempre muito eufórica ou totalmente catastrófica, só que, na prática, enquanto o mercado está fazendo apostas de curto prazo nos pregões, as empresas estão trabalhando firme para lucrar mais vendendo seus produtos e serviços. É por isso que eu sempre repito: antes de começar a aportar, entenda como funcionam o negócio e a empresa. Investir é trocar o fruto do seu trabalho pelo de outras pessoas, então é fundamental entender como ela ganhará dinheiro para você quando a sua aposentadoria chegar. Quem vai te sustentar no fim da vida é o ativo no qual você investe, não o seu comportamento extremamente atuante como investidor na rotina maluca da bolsa.

Até lá, a melhor estratégia é evitar a tentação de tirar a grana da corretora para gastos cotidianos e reinvestir todos os proventos assim que eles caírem lá. Aliás, um bom investidor de longo prazo dificilmente saca os dividendos, sempre os reinveste e faz a "bola de neve" crescer — uma vez que, quanto maior o patrimônio e o tempo de investimento, maior o efeito dos juros compostos. Eu mesmo quase não tiro os dividendos. Com raras exceções, sempre junto com o que vou colocar do bolso para aportar e faço o valor mensal ficar ainda maior. Se isso for feito constantemente, em alguns anos os dividendos farão muito mais barulho na carteira do que o fruto do seu próprio trabalho. Em algumas décadas, eles serão maiores do que o valor que você consegue aportar — e é aí que o dinheiro começa a trabalhar por você de fato. Dessa forma, quando você parar de trabalhar, a sua renda passiva será maior do que seus gastos mensais, e você, enfim, conquistará a desejada liberdade financeira!

E lembre-se também de que, para chegar lá com maior eficiência, o mais indicado é balancear a carteira a cada novo aporte para evitar que a proporção de algum ativo cresça demais (fugindo, assim, do controle de risco) e aproveitar as oportunidades de bons negócios que o mercado depressivo pode te proporcionar. Nesse sentido, eu indico acompanhar a progressão do seu portfólio desde o início com a ajuda da Carteira Holder. Já falei de várias vantagens dela no capítulo 5, mas não custa reforçar: por lá, o investidor consegue entender a dinâmica dos preços e fazer os ajustes necessários para manter a carteira saudável. Se determinada empresa, por exemplo, valoriza demais em alguns pregões e extrapola a porcentagem ideal, o sistema indica o problema e permite ao investidor reequilibrar o portfólio. No entanto, é do movimento contrário a esse que vem a rentabilidade, já que você acaba investindo em empresas de qualidade que estão perdendo preço por causa de um fluxo vendedor que não faz sentido para você. Eu mesmo consegui uma rentabilidade maior do que a do índice Bovespa só balanceando a carteira. Não fiz julgamento de valor, não acertei empresa que multiplicou o patrimônio em cem vezes, nada disso. O que eu fiz foi diminuir a exposição em companhias e setores que se concentraram demais, ajustando meu risco, e aumentar as que ficaram para trás, que caíram mais do que a média, mas que, na minha opinião, não se deterioraram tanto nos fundamentos.

É importante dizer também que fazer o balanceamento dinâmico, aquele em que você vende participação em algumas organizações para voltar ao controle de risco, não significa se desfazer de toda a sua participação, só o que exceder o limite estabelecido por você. Aconteceu comigo: eu tinha estabelecido o limite entre 8% e 10% para uma empresa, mas ela acabou valorizando muito mais do que a média do meu portfólio e bateu 18% do todo, o que me "obrigou" a vender o excedente. Só que eu não vendi e fui para as Bahamas ou comprei um carrão novo, muito pelo contrário. Eu balanceei minha carteira usando esse dinheiro para comprar as companhias que precisava, ou seja, acelerei o meu processo de enriquecimento com a ajuda da empresa que valorizou.

Pode parecer estranho vender uma parte do patrimônio justamente quando ele está valorizado, mas não é isso que a gente busca? Nós não investimos em empresas porque desejamos que elas valorizem e nos deem retorno financeiro lá na frente? A única diferença é que, em vez de tirar a grana para gastar agora, eu decidi agir de forma estratégica e usei essa quantia para aumentar a segurança do portfólio como um todo e acelerar o crescimento do patrimônio. Para mim, essa é a melhor postura para quem quer fazer crescer a bola de neve e ganhar ainda mais lá na frente. É tudo questão de longo prazo, *mothafocker*!

Outra vantagem do longo prazo é a confiança: enquanto o curto prazo apresenta um cenário pouco confiável sobre a saúde de uma empresa, uma empresa que por anos e anos apresentou resultados consistentes, inclusive em termos de lucratividade, tende a mantê-los. Basta ter paciência para que as cotações das ações reflitam esses bons resultados, pois existem milhões de investidores interagindo, e a chance de todo mundo estar errado com relação a uma mesma companhia por muito tempo é baixa, quase nula. Como a ação é um pedaço de uma empresa, ela tende a refletir o que está acontecendo no mundo real, ou seja, o preço sempre vai convergir para a realidade financeira e operacional dela quando observarmos períodos mais longos.

Até pode acontecer de uma firma estar bem e o preço dela na bolsa cair por alguns dias ou meses, mas isso raramente acontece por anos ou décadas. Como hoje temos acesso às notícias do mercado financeiro pela internet, e a informação não está mais só na mão de alguns corretores, o mercado tende a ser bem eficiente no longo prazo. Você muito raramente verá uma empresa se deteriorando por cinco anos e o preço dela subindo. Os agentes no mercado não serão tão burros durante tanto tempo, pode acreditar.

Por isso, deixe o sobe e desce do *home broker* para lá e dedique uma ou duas horinhas por semana para estudar suas empresas e seus fundos imobiliários. Existe muito conteúdo bacana disponível on-line e muito analista responsável que pode te ajudar a conhecer melhor a empresa da qual você é sócio ou deseja ser. Lá na Inside, por exemplo, a gente faz vídeo ao vivo todos os dias para analisar companhias e fundos imobiliários, ensinar as bases do mercado financeiro ou tirar as principais dúvidas dos investidores em um chat no qual os nossos analistas certificados estão de prontidão.

Resumidamente: busque entender o que está acontecendo no ativo que dá o lastro ao investimento, não na bolsa. Você, como investidor, não tem controle do pregão, mas pode ter dos indicadores fundamentalistas da empresa e de como vai se comportar, independentemente do que o mercado pense sobre os seus ativos. Grandes investidores bilionários conseguem extrair rentabilidades impressionantes justamente quando seus estudos e experiências os levam a pensar diferente dos outros *players*, comprando o que todos querem vender e vendendo o que todos querem comprar.

Agora é com você!

Até agora reforçamos que o método *Buy and Hold* não é uma corrida de cem metros, e sim uma maratona, mas podemos ir além: ele é uma ultramaratona, cuja linha de chegada está a décadas de distância e, por isso, é preciso ter constância e resiliência para terminar vivo e conquistar a medalha — uma metáfora para a tão sonhada liberdade financeira. Em tese, o longo prazo no mercado financeiro começa a partir dos quinze anos de investimento, então você precisa se organizar para conseguir fazer aportes recorrentes e balancear sua carteira durante todo esse período, no mínimo! Só assim os juros compostos começarão a trabalhar a seu favor e a bola de neve crescerá a ponto de você conquistar um futuro sem perrengues financeiros. Depois que você passa essa "zona de lascação", que testa a sua resiliência e separa as crianças dos adultos, a tendência é colher os louros desse percurso.

Como as maratonas, o mercado financeiro tem espaço para profissionais e amadores. Quer percorrer as maiores distâncias e conquistar grandes medalhas? Estude e se esforce. Prefere pegar uns trajetos mais leves? Sem problemas, só esteja ciente de que os prêmios também serão menores e mais demorados (ainda assim, melhores do que se você só ficar sentado lendo um livro sobre como correr). O importante é manter a constância e ser resiliente, como fazem os ultramaratonistas. O que enriquece de fato são os aportes recorrentes por um longo período e o entendimento de que é preciso persistir, porque a jornada é feita de altos e baixos. Se você entender e nunca se esquecer dessas duas lições, sua cachola já estará preparada para o desafio.

No entanto, nada disso acontecerá se você não der o primeiro passo. Espero que você já tenha começado o seu planejamento de longo prazo, mas arregace as mangas no curtíssimo. E continue adquirindo conhecimento (meu canal, minhas redes e este livro estão à disposição) e faça seus investimentos com consciência.

E aí, tá esperando o quê? Bora ganhar uns din!

ABECEDÁRIO DO PIT MONEY

Aqui, pretendo explicar da forma menos mala possível o que significam as principais siglas e termos usados na rotina do mercado financeiro. A ideia é enriquecer o seu vocabulário para facilitar os estudos sobre investimentos daqui pra frente e te salvar quando bater aquela dúvida sobre alguma nomenclatura.

Então, sempre que precisar, abra as últimas páginas deste livro e consulte o significado do verbete. Com o tempo, você provavelmente vai assimilar todos esses termos e estará pronto para se consagrar como o sabichão dos investimentos perante seus amigos que ainda investem na poupança.

A

Ação

Pequena parte (fração) da empresa negociada na bolsa de valores. Ao comprar este título de renda variável, o investidor se torna acionista, ou seja, um dos donos da companhia. Há três tipos de ações disponíveis para ele escolher:

- **Ordinária** — Dá direito a voto na assembleia geral da empresa.

- **Preferencial** — Garante prioridade no recebimento de dividendos ou de reembolso da grana restante caso a sociedade se dissolva.

- *Unit* — Pacote com ações ordinárias e preferenciais.

Vale ressaltar que a quantidade de ações de um investidor comum tende a ser bem menor do que o total de ações de uma empresa — a Ambev, por exemplo, possui mais de 15 bilhões de ações, quantidade que nenhum investidor consegue acumular. Isso significa que a participação do investidor pessoa física que adquire ações ordinárias se torna irrelevante em termos de votação em assembleia — você até pode votar, mas dificilmente seu voto decidirá alguma coisa. E o benefício das ações preferenciais não é muito diferente: donos de ações preferenciais e ordinárias recebem quase sempre o mesmo dividendo. Se você é um investidor iniciante e quer saber por qual das três optar, escolha o tipo com maior liquidez (maior interação entre compradores) ou com o maior *dividend yield*.

Análise *bottom-up*

Abordagem da análise fundamentalista de ações que prioriza as companhias individualmente. Este enfoque avalia o cenário "de baixo para cima", examinando primeiro a empresa em si e depois o contexto econômico do país e do setor em que ela está inserida. É o contrário da análise *top-down*, que começa o estudo dos fundamentos a partir do cenário macroeconômico.

Análise *top-down*

Abordagem da análise fundamentalista de ações que prioriza os fatores macroeconômicos e setoriais antes de olhar especificamente para os microeconômicos (da empresa individualmente). Isto é: antes de analisar, digamos, a Vivo, estuda-se o setor de telecomunicações como um todo e o contexto econômico do país. Tem-se, assim, uma avaliação "de cima para baixo" (*top-down*). É o contrário da análise *bottom-up*, "de baixo para cima", que começa o estudo dos fundamentos a partir da companhia.

Ativos

Conjunto de bens e direitos de uma pessoa ou organização. Na bolsa de valores, o termo representa qualquer item que tenha valor comercial negociável, como ações, contratos futuros e commodities. Em finanças pessoais, são aquela parcela do patrimônio que gera renda, como um imóvel que você possui e aluga pra outra pessoa.

B

B3

Sigla que representa "Brasil, Bolsa, Balcão", o nome completo da bolsa de valores brasileira. Criada em 2017 a partir da fusão entre a BM&F Bovespa e a Central de Custódia e de Liquidação Financeira de Títulos (Cetip), a B3 está localizada no centro da cidade de São Paulo e tem mais de 400 empresas listadas.[35]

---

35 Conheça as empresas listadas na bolsa: <https://g1.globo.com/economia/noticia/2021/02/19/2021-ja-soma-13-ipos-e-outras-31-empresas-estao-na-fila-para-entrar-na-bolsa-veja-lista.ghtml>.

BDR (*Brazilian Depositary Receipt*)

Do inglês, "comprovante de depósito brasileiro". Trata-se de um certificado, emitido por determinados bancos brasileiros, de que o investidor possui títulos mobiliários de companhias do exterior. Em outras palavras, as BDRS são a oportunidade de o investidor adquirir de forma indireta ações de empresas estrangeiras, em moeda local, na própria B3.

Bear market

Significa a tendência de queda nos preços do mercado financeiro como um todo. É uma nomenclatura bastante utilizada para períodos de crise ou pessimismo generalizado, mas também pode servir para representar quedas expressivas (acima de 20%) no preço de ações específicas por determinado período (normalmente a partir de dois meses). O nome em inglês, que em português significa "mercado urso", tem um motivo curioso: é inspirado no modo como esse animal ataca suas presas, movendo as patas de cima para baixo, como a bolsa quando está em queda.

Blue chip

No mercado financeiro, o termo representa empresas reconhecidas nacionalmente, bem estabelecidas e financeiramente sólidas, que geralmente vendem produtos ou serviços de alta qualidade e demanda. Por resistirem bem a crises, costumam ter um longo histórico de crescimento estável e confiável. A escolha do nome não é por acaso: empresas desse tipo tendem a ser as mais valiosas do mercado, assim como as *blue chips* ("fichas azuis", em inglês) no pôquer.

Bolsa de valores

Ambiente em que ocorrem as negociações de todos os tipos de valores mobiliários, como ações, debêntures, opções, commodities, entre outros. No Brasil, há apenas uma bolsa de valores oficial, a B3 (Brasil, Bolsa, Balcão), localizada em São Paulo (SP). Ela foi fundada em 1890 com o nome de "Bolsa Livre", depois ainda se chamou Bovespa e BM&F Bovespa antes de assumir o nome atual, em 2017.

No cenário mundial, Estados Unidos, China, Japão e Europa como um todo concentram grande parte das movimentações financeiras globais, com os americanos à frente — Nyse e Nasdaq são as duas maiores bolsas do mundo em valores negociados, com larga vantagem em relação às demais.

Bull market

Indica uma alta geral nos preços do mercado financeiro por um tempo prolongado, que pode durar meses ou anos. Como é difícil de prever, os analistas só conseguem reconhecer este fenômeno depois que ele acontece. O termo, que significa "mercado touro", é inspirado no modo como esse animal ataca suas presas, movendo os chifres de baixo para cima, mesmo movimento da bolsa quando está em crescimento.

Buy and Hold

Quer um resumão do livro? Então lá vai: *Buy and Hold* é uma estratégia de investimento de longo prazo que consiste em adquirir e manter ações de empresas com bons fundamentos durante um longo período, sem se preocupar com as variações típicas do mercado financeiro no curto prazo — "comprar e segurar", como diz o termo em inglês. É verdade que não existe uma definição exata do que seja longo prazo, mas acredita-se que esse horizonte começa a surgir depois de quinze anos de investimentos, aportes e balanceamentos recorrentes. Por isso, é uma tática muito recomendada para quem almeja manter um bom padrão de vida quando parar de trabalhar.

C

CAGR (*compound annual growth rate*)

Esta sigla, que significa "taxa de crescimento anual composta", é um dos principais meios de se analisar o retorno médio de investimentos em determinada empresa e seus indicadores em períodos superiores a um ano. Para calcular o CAGR, divida o valor no fim do período pelo valor no início e eleve o resultado ao expoente 1/n, sendo "n" o número de anos em questão. Por fim, subtraia 1 do resultado subsequente, multiplique o valor por 100 (afinal, trata-se de uma porcentagem) e terá a taxa de crescimento anual composta do investimento feito.

Capex (*capital expenditure*)

Esta sigla, que corresponde a "despesa de capital", representa um índice contábil que aponta o que foi despendido pela empresa para adquirir novos bens de capital com o objetivo de melhorar a operação, como a compra de uma nova máquina mais eficiente que a anterior, por exemplo.

Carteira de investimentos

Também chamada de portfólio de investimentos, é o conjunto de ativos financeiros adquiridos por um investidor. Em outras palavras, é a reunião de todas as aplicações e investimentos que se tem com o objetivo de multiplicar o dinheiro, em renda tanto fixa quanto variável.

Circuit breaker

Criado para proteger os investidores em períodos de extrema volatilidade, este mecanismo interrompe as negociações da bolsa de valores em caso de queda acentuada. Na B3, quando o índice Bovespa cai 10% em relação ao fechamento do último pregão, o *circuit breaker* é acionado e todas as negociações são suspensas por meia hora. Caso o mercado siga caindo depois da pausa e o valor bata 15%, o dispositivo pode ser novamente acionado, paralisando tudo por mais uma hora. Depois disso, se o caos ainda prosseguir e a queda chegar a 20%, uma nova interrupção pode acontecer. É raro, mas nesse caso o pregão é interrompido por tempo indeterminado, em geral até o dia seguinte.

CPV (Custo de Produtos Vendidos)

Demonstra o valor gasto para produzir os itens de uma empresa que são visíveis no produto, como insumos, embalagens etc. Ou seja, todo dispêndio necessário para materializar o produto.

CVM (Comissão de Valores Mobiliários)

Autarquia federal vinculada ao Ministério da Economia cuja responsabilidade é fiscalizar, normatizar, disciplinar e desenvolver o mercado de valores mobiliários no Brasil,[36] assegurando proteção aos investidores e coibindo fraudes.

D

Day trade

Forma de atuar na bolsa de valores que consiste em fazer operações de curto prazo, comprando e vendendo ativos no mesmo pregão, a fim de lucrar com a oscilação de preços do dia. A característica que tipifica o *day trader* é que, ao final do pregão, ele já "zerou" todas as suas posições, o que significa que terá que montar todas as suas apostas do início novamente no dia seguinte.

DFP (demonstrações financeiras padronizadas)

Trata-se de um conjunto de informações contábeis que todas as empresas de capital aberto devem divulgar ao mercado. É um documento que compila tudo de mais importante para que o investidor faça a análise fundamentalista da companhia — etapa muito importante da estratégia *Buy and Hold* — e decida se compra ou não suas ações. O envio trimestral do documento para a CVM e sua publicação no site oficial da empresa é obrigatório para todas as companhias listadas em bolsa de valores.

---

36 Saiba mais sobre a CVM em: <www.gov.br/cvm/pt-br/acesso-a-informacao-cvm/institucional/sobre-a-cvm>.

Dividend yield

Trata-se de um indicador que avalia o retorno pago aos acionistas em forma de dividendos com base no preço da ação. O *dividend yield* (ou simplesmente DY) é calculado dividindo o valor dos dividendos pagos por ação pela cotação dessas mesmas ações no mercado naquele momento. Empresas que pagam muitos dividendos aos acionistas normalmente têm alto índice de DY histórico (a média de DY dos últimos anos), o que é ótimo para qualquer investidor.

Dividendo

A parte do lucro líquido de uma empresa que é repassada aos investidores.

Drawdown

Este parâmetro — que significa "queda livre", numa tradução livre do inglês — é usado para medir a volatilidade de um investimento, uma vez que expressa a diferença entre o valor mínimo que um ativo teve e a sua cotação máxima. Em outras palavras, aponta quanto o investidor "perdeu" (em termos percentuais) durante determinado período no pior momento (lembrando que ele só *perde* mesmo se vender o ativo).

DRE (demonstração do resultado do exercício)

Trata-se de um relatório contábil que mostra se as operações da empresa geraram lucro ou prejuízo durante determinado período. Este documento é importante porque dá ao investidor uma boa dimensão

161

da saúde operacional e financeira da empresa, ajudando-o a tomar melhores decisões.

E

EBITDA

Este conjunto de letras — que, traduzindo do inglês, refere-se a "lucros antes de juros, impostos, depreciação e amortização", ou simplesmente Lajida — permite saber quanto a companhia está gerando de caixa com base apenas em suas atividades operacionais, descartando os impactos financeiros e dos impostos. É importante porque permite ao investidor ter uma noção real da condição da empresa sem a influência de fatores externos, o que ajuda a medir sua eficiência e evolução ao longo do tempo.

ETF (*Exchange Traded Fund*)

É um tipo de fundo de investimento, negociado em bolsa de valores, atrelado a um índice de referência — Ibovespa, por exemplo. Por definição, cada ETF é um conjunto de recursos destinados à aplicação em uma carteira que imita aquela do índice ao qual está atrelado (cabe a um gestor, que pode ser um banco, por exemplo, usar o dinheiro dos investidores para comprar as mesmas ações existentes no índice, e na mesma proporção). Além disso, os ETFs são negociados no pregão como se fossem ações, ou seja, também estão sujeitos às variações típicas do mercado financeiro, e sempre têm gestão passiva, ou seja, seus gestores não estão preocupados em encontrar as melhores oportunidades, mas simplesmente em replicar a composição e o desempenho do índice de referência, mesmo que outros ativos pareçam mais interessantes no momento.

EV (*enterprise value*)

O "valor da firma", como se diz em português, nada mais é do que a quantia de dinheiro que você precisaria ter para comprar a empresa inteira. Em termos financeiros, é igual à soma do valor de todas as ações (capital próprio) com todas as dívidas que a empresa tem com credores (capital de terceiros).

F

FCO (**fluxo de caixa operacional**)

É um indicador contábil que aponta o resultado das entradas financeiras de uma empresa subtraídas as saídas financeiras, considerando somente as movimentações necessárias à operação. É ele quem indica quanto dinheiro a companhia está gerando a partir de seu negócio principal.

FIA (**fundo de investimento em ações**)

É um produto financeiro geralmente adquirido com o objetivo de diversificar a carteira e ficar menos suscetível às variações de preços de ações específicas, ainda que seu principal fator de risco seja justamente a variação dos preços das ações. Ele traz a vantagem de ser administrado por um gestor profissional, responsável por constituir o fundo, captar recursos junto aos investidores por meio da venda de cotas, acompanhar o mercado e buscar retornos superiores aos que encontra em outros fundos e índices.

FII (fundo de investimento imobiliário)

Como o nome já diz, é um produto financeiro relacionado ao mercado imobiliário: seus recursos são sempre destinados à aquisição de títulos e valores mobiliários ou à aplicação em ativos desse setor, como a aquisição de imóveis. Este tipo de fundo traz retorno a partir da locação, da venda ou do arrendamento desses imóveis e reverte o rendimento proveniente deles aos investidores em forma de proventos pagos periodicamente, normalmente com frequência mensal.

Follow-on

É quando a empresa faz uma nova oferta de ações (ou cotas, no caso de FII) ao mercado, a fim de conseguir captar dinheiro para expandir operações e desenvolver projetos. Também conhecido como "oferta subsequente de ações", o *follow-on* é realizado quando a companhia já está na bolsa e pretende receber novos investimentos. Em termos práticos, seria como um "IPO secundário", ainda que não exista mais do que um IPO ("oferta pública inicial", em tradução livre).

Free float

Trata-se da porcentagem de ações que está disponível para negociação em bolsa, ou seja, todas aquelas da empresa com exceção das que ela prefere manter em tesouraria ou que estão em posse dos controladores, que muitas vezes são os próprios fundadores da empresa. Em teoria, quanto maior o *free float* da empresa, maior a liquidez de suas ações.

H

Home broker

Plataforma on-line disponibilizada por corretoras de valores para que os investidores e *traders* possam emitir ordens de compra e venda de ativos, ver cotações em tempo real e acompanhar todas as informações financeiras de sua carteira pela internet.

I

Indicadores fundamentalistas

São dados extraídos dos resultados divulgados pelas empresas em seus balanços financeiros. Quando analisados em conjunto, esses números ajudam a avaliar os fundamentos de uma organização, embasando as decisões de investimento. Como o próprio nome já entrega, os indicadores fundamentalistas têm origem nos fundamentos passados das companhias e servem para indicar ao investidor as condições atuais dela, facilitando sua avaliação pelo investidor.

IPO (*initial public offering*)

Sigla em inglês para "oferta pública inicial". Representa o momento de abertura de capital de uma empresa, ou seja, quando ela começa a negociar suas ações na bolsa de valores para captar recursos e ampliar o seu desenvolvimento. É nesse momento que as companhias conseguem de fato captar o dinheiro dos investidores pra investir em seus projetos, em vez de captar grana pelos bancos e pagar juros.

165

J

Juros compostos

Por definição, juro é o valor que o tomador de um empréstimo deve pagar a mais ao proprietário do capital emprestado. Já o juro composto vai incorporando no valor principal os juros obtidos a cada período, calculando juros sobre juros. Portanto, se você tomou emprestado R$ 100 a 10% de juros ao mês, sua dívida será R$ 110 no primeiro mês (100 + 10% de 100) e R$ 121 no segundo (110 + 10% de 110), já que a base de cálculo inicial (100) mudou para o valor com juros agregado (110). Isso significa que, ao aplicar juros compostos, o crescimento dos valores é exponencial, não linear — o que pode ser muito ruim se você estiver devendo e muito bom se você estiver emprestando ou investindo.

L

Lote fracionado

É a parcela fracionária (ou fração) de um lote de ações. É o que o investidor compra quando deseja adquirir lotes pequenos ou quebrados, que não sejam aqueles múltiplos de 100, os chamados lotes padrão ou redondos. Para executar esse tipo de operação, que permite ao investidor comprar entre 1 e 99 ações, é necessário que ele insira a letra F no final do código da ação. Exemplo: para adquirir frações de Ambev, deve-se procurar por ABEV3F.

Lote padrão

É o lote de ações de mesma característica negociado em múltiplos de 100.

M

Margem líquida

Indicador financeiro que expressa o lucro percentual de uma empresa em relação às receitas após a dedução de todas as despesas, inclusive impostos. Para encontrar este valor percentual, basta dividir os valores líquidos de lucro pela receita e multiplicar o resultado por 100. Este é um dado importante porque permite ao investidor entender o potencial econômico e financeiro do negócio, especialmente sua lucratividade.

Market cap

Conhecido também como "capitalização de mercado", este indicador representa o valor total de uma companhia do ponto de vista acionário. É obtido ao multiplicar a quantidade total de ações da empresa pelo valor de mercado de uma ação. Este número é importante porque dá a real dimensão da companhia, que pode ser de três tipos, de acordo com o tamanho de seu valor de mercado: *small cap* (entre US$ 300 milhões e US$ 2 bilhões), *mid cap* (entre US$ 2 bilhões e US$ 10 bilhões) e *large cap* (US$ 10 bilhões ou mais). É importante dizer que não são esses números sozinhos que devem orientar um investimento. É verdade que, quanto maior o *market cap*, maior é a empresa e possivelmente sua força no mercado. Mas também costuma ser verdade que, quanto menor o *market cap*, maior o potencial de crescimento.

Mercado primário

Trata-se da negociação direta dos agentes emissores das ações (empresas) com os investidores no momento do lançamento de novas ações na bolsa de valores. Os recursos captados nela são destinados exclusivamente à empresa emissora das ações, que costuma utilizá-los para expandir projetos, liquidar dívidas, realizar novas aquisições etc.

Mercado secundário

Refere-se à negociação direta entre investidores depois que as ações já foram colocadas à venda na bolsa de valores e negociadas no mercado primário. Neste mercado, o saldo da negociação de uma ação vai para o investidor que a vendeu, não para a empresa emissora do papel, que é o que ocorre no mercado primário.

N

Nasdaq

Bolsa de valores norte-americana famosa por negociar principalmente ações de empresas ligadas à tecnologia e internet, não tão tradicionais. O nome também pode fazer referência ao índice Nasdaq, que agrega mais de 2 mil empresas, algumas bem conhecidas do público e que já atingiram mais de US$ 1 trilhão de *market cap*, como Apple, Microsoft, Amazon e Google.

Novo mercado

Segmento da B3 composto por empresas que têm as melhores práticas de governança do mercado. Tais companhias adotam, de forma voluntária, políticas mais atraentes ao investidor do que é exigido pela legislação, como, por exemplo, mais transparência.

O

OPA (oferta pública de aquisição)

Este movimento, antagônico ao IPO, ocorre quando uma companhia decide parar de negociar suas ações na bolsa de valores. Na prática, o acionista majoritário ou o grupo controlador da empresa faz uma proposta de compra do restante das ações aos demais investidores, de forma pública e regulada pela CVM. Caso o preço da ação para a venda não seja aprovado pela ampla maioria dos acionistas (acima de 90%), uma assembleia é realizada para que o valor seja decidido em consenso. Se for aprovado, todos os acionistas, mesmo os que tiverem votado contra, são obrigados a vender pelo valor estipulado. Os motivos que levam uma empresa a fechar seu capital são variados e vão da crença de que as ações estão sendo negociadas a um preço muito abaixo do que seria justo até a pouca necessidade de captação de recursos.

Opção

Trata-se de um instrumento (contrato) negociado no mercado que garante o direito de comprar ou vender um ativo por valor e data predefinidos. É um tipo de derivativo, já que uma opção *deriva* do preço do ativo atrelado a ela. Existem opções relacionadas a vários tipos de ativos, mas as mais negociadas no mercado brasileiro são as opções de ações.

Opex (*operational expenditure*)

Esta sigla, que corresponde a "despesa operacional", em tradução livre, representa um índice contábil que aponta o que foi despendido pela empresa para manter o pleno funcionamento de sua estrutura atual, como gastos de escritório, salários dos funcionários e custos de manutenção e reparos.

P

Passivo

Extremo oposto dos ativos, os passivos financeiros representam todos os itens de uma empresa que geram custos, como dívidas, fornecedores, contas a pagar etc. No balanço patrimonial, as contas do passivo estão elencadas por ordem de prazo: no passivo circulante, temos as dívidas e obrigações com prazos inferiores a um ano; e no passivo não circulante, os itens com prazo de pagamento superiores a um ano.

Patrimônio líquido

Em poucas palavras, é a diferença entre o ativo e o passivo de uma empresa, ou seja, quanto sobraria para os sócios caso a empresa decidisse quitar todas as suas dívidas e obrigações usando seus bens e direitos.

PIB (Produto Interno Bruto)

Um dos principais indicadores para medir a dimensão econômica de determinada região, o PIB é a soma de todos os bens e serviços produzidos por um país, um estado ou uma cidade, geralmente no período de um ano.

Portfólio de investimentos
Ver Carteira de investimentos.

R

ROE (*return on equity*)

Sigla que indica o retorno sobre o patrimônio líquido de uma empresa, ou seja, a capacidade que uma companhia tem de gerar valor para o negócio e para os investidores a partir de seus recursos próprios. Por indicar a rentabilidade das empresas, o ROE permite que o investidor faça comparações entre companhias de um mesmo setor e consiga avaliar com mais propriedade os melhores lugares para investir seu dinheiro.

S

Selic (taxa)

Conhecida também como "taxa básica de juros", é um indicador muito importante para regular a política monetária do país. A sigla Selic significa Sistema Especial de Liquidação e Custódia, que é a plataforma do Banco Central (BC) responsável por registrar, liquidar e realizar a custódia de títulos públicos federais, ou seja, oficializar a compra e a venda de títulos do Tesouro Nacional por instituições financeiras credenciadas ao BC. A taxa Selic é determinada a cada 45 dias durante reunião do Comitê de Política Monetária (Copom), órgão também vinculado ao BC, e é baseada na média das operações realizadas nesse sistema, que movimenta mais de R$ 100 bilhões todos os dias.[37]

---

37 Conheça mais detalhes da Selic em: <www.cnnbrasil.com.br/business/taxa-selic-o-que-e-como-e-definida-e-quais-fatores-influenciam-seu-sobe-e-desce>.

Stock picking

Estratégia de investimento que se baseia na escolha de ações específicas de acordo com o que o investidor entende que faz sentido para sua carteira. Por exigir uma postura mais ativa na escolha dos investimentos, inclusive em conjunto, é importante que quem opte pelo *stock picking* tenha experiência com renda variável e dedicação para conseguir acompanhar as mudanças do mercado e fazer as melhores escolhas ou conte com um assessor, ou ainda assine a Inside, que o ajuda a montar a carteira.

Suitability

Processo de identificação do perfil de investidor, realizado com o objetivo de criar uma carteira de investimentos adequada às suas necessidades e desejos e que consiste no preenchimento de um formulário disponibilizado pelas corretoras de valores para definir se o investidor é mais conservador, moderado ou arrojado.

Swing trade

Oposta ao *day trade*, essa forma de atuar na bolsa de valores consiste em fazer operações de médio prazo, com pouca ou nenhuma preocupação relativa à oscilação de curto prazo. O *swing trader* diferencia-se do "*buy and holder*" porque, em geral, se atenta muito mais à análise gráfica do que à fundamentalista.

T

Tag along

Mecanismo previsto na lei que rege as empresas S.A.

(sociedades anônimas) criado para dar maior garantia aos acionistas minoritários em caso de mudança no controle da companhia. Se a empresa garantir 100% de *tag along*, o acionista minoritário terá direito a receber 100% do valor por ação recebido pelo controlador em caso de venda.

Taxa de administração

Representa o valor pago pelo trabalho de gestão de um fundo de investimentos. Essa taxa é calculada em valor percentual ao ano e incide sobre o valor total investido (capital mais rendimentos).

Turn around

O termo, que significa "dar a volta por cima" ou "sair da pirambeira" em tradução livre do inglês, representa a mudança positiva de desempenho de uma empresa, escapando de uma situação ruim para voltar a ser saudável. Para executar um *turn around* eficiente, a companhia precisa reconhecer seus problemas, realizar mudanças estratégicas na gestão e superar seus desafios operacionais e financeiros.

U

Unit

Pacote de diferentes tipos de ações de uma mesma empresa, em geral ordinárias e preferenciais. Na bolsa de valores, as *units* costumam ser identificadas pelo número 11 ao final do código da ação.

Upside

Termo usado para destacar o potencial de alta de

um investimento. Em outras palavras, é a previsão percentual de quanto esse ativo deve subir em relação a seu valor justo, lembrando que é impossível determinar em quanto tempo a ação alcançará esse valor, já que o mercado só é justo no longo prazo. O que o analista faz, portanto, é se debruçar pra entender quanto deveria valer a empresa, dividir esse valor pelo número de ações e, assim, chegar ao preço justo por ação. Se ele dividir esse preço justo pelo de cotação de uma ação, chega ao *upside*. Este indicador é importante porque pode mostrar ao investidor que um ativo está sendo negociado abaixo do que ele realmente vale (*upside*) e que, portanto, pode representar uma boa oportunidade futura.

V

Valuation

Processo feito por analistas financeiros para estimar o valor real de um ativo ou uma empresa, o que permite concluir se determinada ação está provavelmente barata ou provavelmente cara. Para chegar a esse valor intrínseco, os analistas podem recorrer a métodos de comparação entre indicadores de preço de empresas similares, normalmente do mesmo setor, ou ao fluxo de caixa descontado, conta que parte de determinados parâmetros de expectativas futuras de caixa e de uma taxa de juros hipotética.

Este livro foi impresso pela Lisgráfica,
em 2022, para a HarperCollins Brasil.
O papel do miolo é pólen bold 90g/m²
e o da capa é cartão 250g/m².